Como os Hackers Trabalham (e Como Impedi-los)

Golpes Comuns, Phishing, Malware e Táticas Reais Utilizadas por Cibercriminosos

Por Joe Correa

Publicado por Live Stronger Faster

Primeira edição

Índice

Introdução

No mundo digital de hoje, o cibercrime tornou-se uma das indústrias mais lucrativas e perigosas do planeta. Todos os anos, indivíduos e empresas perdem bilhões de dólares por causa de hackers, muitos dos quais utilizam táticas simples, mas extremamente eficazes, que a maioria das pessoas nunca percebe a tempo. Seja um e-mail de phishing que parece vir do seu banco ou uma janela falsa pedindo para "atualizar" o seu software, os cibercriminosos estão constantemente se adaptando — e seus métodos se tornam cada vez mais convincentes a cada dia.

Este livro foi criado para ajudá-lo a reagir. Você não precisa ser um especialista em tecnologia para se proteger. Você apenas precisa entender como os hackers pensam, quais táticas eles utilizam e como desenvolver hábitos simples que o tornarão um alvo difícil.

No Livro 3, vamos revelar os segredos de como os hackers operam, desde golpes tradicionais até ataques modernos de ransomware. Você aprenderá a diferença entre phishing e spear phishing, o que os malwares realmente fazem, como a engenharia social leva as pessoas a revelar informações sensíveis e como os hackers atacam tanto indivíduos quanto empresas por meio de estratégias personalizadas.

Este livro está repleto de exemplos reais de ataques — alguns engenhosos, outros assustadores — além de medidas práticas que você pode aplicar imediatamente para proteger a si mesmo e sua família. Você também aprenderá a identificar sinais de alerta, reconhecer tentativas de golpe e agir rapidamente caso seu sistema seja comprometido.

Vamos explicar tudo em uma linguagem simples e clara para que até mesmo iniciantes completos consigam entender como reconhecer ameaças e impedir hackers antes que eles causem danos.

Vamos revelar o que realmente acontece nos bastidores do cibercrime — para que você possa permanecer seguro, atento e no controle da sua vida digital.

Capítulo 1: Dentro da Mente de um Hacker

Para se defender do cibercrime, você deve primeiro entender o seu adversário. Os hackers não são apenas figuras misteriosas usando moletons e digitando rapidamente em salas escuras. Eles são pessoas reais, com diferentes objetivos, origens e ferramentas. Alguns trabalham para governos, outros fazem parte de redes criminosas globais, e alguns são simplesmente curiosos ou movidos pelo ego. Mas o que todos têm em comum é um profundo entendimento de como sistemas digitais — e o comportamento humano — podem ser explorados.

Vamos começar classificando os hackers. Existem três tipos principais: black hat, white hat e gray hat. Os hackers black hat são os criminosos — pessoas que invadem sistemas para roubar, destruir ou pedir resgate por informações visando ganho pessoal. Eles atuam fora da lei e são responsáveis pela maioria dos ataques cibernéticos noticiados. Já os hackers white hat são hackers éticos que usam suas habilidades para ajudar organizações a fortalecer sua segurança digital. Eles frequentemente trabalham como testadores de invasão ou consultores de segurança. Os hackers gray hat vivem em uma área intermediária. Eles podem invadir sistemas sem permissão, mas nem sempre possuem intenções maliciosas. Às vezes, expõem vulnerabilidades publicamente na esperança de pressionar empresas a melhorar sua segurança.

Entender a motivação também é um passo fundamental. Nem todos os hackers são motivados por dinheiro. Alguns hackeiam por razões políticas – estes são chamados de hacktivistas. Outros querem provar suas habilidades para ganhar respeito dentro da comunidade hacker ou por vingança pessoal. Há também agentes patrocinados por governos que realizam espionagem cibernética para roubar segredos ou desestabilizar governos estrangeiros. E existem os oportunistas – pessoas que encontram sistemas vulneráveis e simplesmente não resistem à tentação de explorá-los.

Os hackers seguem um processo estruturado ao lançar um ataque. Isso é conhecido como ciclo de vida do hacker, e normalmente inclui as seguintes etapas:

Reconhecimento: os hackers coletam informações sobre o alvo. Isso pode incluir analisar o site de uma empresa, perfis no LinkedIn ou até postagens em redes sociais em busca de vulnerabilidades ou detalhes sobre funcionários.

Varredura e Enumeração: eles utilizam ferramentas automatizadas para identificar portas abertas, bancos de dados expostos ou softwares desatualizados.

Exploração: é quando o hacker invade o sistema — geralmente explorando uma vulnerabilidade conhecida ou enganando um usuário para fornecer credenciais.

Escalação de Privilégios: uma vez dentro, o hacker tenta obter níveis mais altos de acesso, como permissões administrativas.

Manutenção de Acesso: backdoors ou malwares podem ser instalados para que o hacker possa retornar futuramente, mesmo que as senhas sejam alteradas.

Ocultação de Rastros: registros são apagados ou alterados para evitar detecção.

Exfiltração ou Dano: este é o objetivo final — roubar dados sensíveis, instalar ransomware ou causar interrupções operacionais.

Embora esse ciclo seja típico de hackers black hat, compreendê-lo ajuda qualquer pessoa — desde indivíduos até pequenas empresas — a reconhecer onde e como bloquear ataques.

Ao contrário da crença popular, a maioria dos ataques cibernéticos bem-sucedidos não depende de habilidades técnicas extremamente avançadas. Em vez disso, eles exploram vulnerabilidades humanas. Os hackers sabem que as pessoas são o elo mais fraco de qualquer sistema. É por isso que táticas como e-mails de phishing, falsas ligações de suporte técnico e impersonação são tão eficazes. Até mesmo um servidor altamente seguro torna-se vulnerável se alguém clicar em um link malicioso ou reutilizar uma senha já vazada anteriormente.

Existe também o mito de que apenas grandes corporações são alvos. Na realidade, pequenas empresas e indivíduos são alvos preferenciais porque geralmente possuem defesas mais fracas. A conta Gmail de um freelancer, o aplicativo bancário online de um aposentado ou o login de jogos de um adolescente podem servir como portas de entrada para dados mais valiosos ou redes maiores.

Os hackers utilizam inteligência de fonte aberta (OSINT) para pesquisar suas vítimas. Apenas com um nome e um endereço de e-mail, eles conseguem investigar registros públicos, redes sociais e bancos de dados de vazamentos para construir perfis detalhados. Isso os ajuda a criar e-mails de phishing convincentes, adivinhar senhas ou responder perguntas de segurança. Quanto mais informações você deixa expostas, mais fácil se torna ser hackeado.

À medida que os cibercriminosos se tornam mais organizados, alguns começaram a oferecer "hacking como serviço". Isso significa que até pessoas sem habilidades técnicas podem pagar por acesso a ferramentas como kits de ransomware, modelos de phishing ou credenciais roubadas na dark web. Essa democratização do cibercrime significa que o número de ataques está crescendo rapidamente — e as barreiras de entrada estão diminuindo.

Mas há boas notícias: a maioria dos ataques pode ser evitada. Ao entender como os hackers pensam e operam, você pode deixar de ser um alvo fácil e tornar-se alguém mais protegido. Tudo começa com conscientização — saber como os ataques são lançados, o que motiva os criminosos e como interromper esse processo.

Nos próximos capítulos, vamos analisar tipos específicos de ataques e mostrar como você pode se proteger contra eles. Mas lembre-se sempre: os cibercriminosos prosperam com a ignorância e a complacência. Quanto mais informado você estiver, menos poder eles terão sobre sua vida digital.

A história de Jake

Jake Morgan estava sentado no canto de um café pouco iluminado em Austin, Texas, tomando um espresso e digitando em seu laptop. Ele parecia apenas mais um nômade digital — moletom, fones de ouvido com cancelamento de ruído e expressão concentrada. Mas Jake não estava escrevendo um artigo para blog nem editando uma apresentação de startup. Ele estava analisando o portal de login de funcionários de uma rede hoteleira localizada do outro lado do país.

Seu alvo era uma rede de hotéis de médio porte com práticas de segurança desatualizadas — exatamente o tipo de empresa que Jake gostava de explorar. Ele não queria machucar ninguém, ou pelo menos era isso que dizia a si mesmo. Aquele era seu trabalho. Jake era um hacker gray hat, caminhando na linha tênue entre o legal e o ilegal. E naquele dia, ele estava prestes a cruzar essa linha novamente.

Mais cedo naquela manhã, Jake havia iniciado sua rotina com reconhecimento. Uma rápida olhada na página do LinkedIn da empresa revelou dezenas de funcionários, incluindo uma gerente de operações que adorava postar sobre o trabalho nas redes sociais. Em uma das fotos, Jake percebeu um monitor ao fundo exibindo um painel interno da equipe. Ao ampliar a imagem, conseguiu visualizar parte da URL do portal — ouro puro. Agora ele sabia exatamente onde mirar.

Usando ferramentas de código aberto, Jake analisou a página de login em busca de vulnerabilidades. Descobriu que ela utilizava um software desatualizado, sem correções havia meses. Com alguns comandos, iniciou um script que testava falhas conhecidas. Dez minutos depois, ele já estava dentro — não completamente, mas com acesso às camadas externas do sistema.

Seu coração acelerou. A exploração era a próxima etapa. Ele tentou uma senha padrão: admin123. Falhou. Tentou password1. Nada. Então adivinhou o e-mail da gerente de operações e adicionou o ano de nascimento que encontrou no Facebook dela. Bingo.

Uma vez dentro, Jake começou a elevar seus privilégios. Vasculhou diretórios internos e encontrou um painel administrativo oculto. Não havia autenticação em dois fatores. Nenhum alerta. Como um hóspede que roubou a chave mestra, ele agora podia circular livremente por todos os quartos do prédio — digitalmente falando.

Ele não roubou números de cartão de crédito. Em vez disso, copiou registros de dados, arquivos internos e documentos administrativos para uma pasta compactada e criptografada. Deixou uma mensagem nos logs: "Seu sistema foi invadido. Atualizem a segurança. Aqui está como corrigir. Sem resgate. Apenas um aviso." Era um movimento clássico de gray hat — um teste de invasão não autorizado. Algumas empresas agradeciam o alerta. Outras chamavam o FBI.

Enquanto Jake guardava suas coisas e saía do café, sentia ao mesmo tempo adrenalina e culpa. Tecnicamente havia quebrado a lei, mas justificava suas ações como um alerta necessário para uma empresa que havia deixado suas portas digitais completamente abertas.

Três estados de distância, Olivia Castillo estava tendo uma manhã muito diferente. Ela trabalhava no departamento financeiro da mesma rede de hotéis invadida por Jake. Enquanto tomava café, recebeu um e-mail: "Urgente: confirme os detalhes da folha de pagamento até às 10h." A mensagem parecia vir do diretor financeiro da empresa, utilizando linguagem e formatação corporativas. Ela clicou no link sem pensar e fez login no sistema.

Momentos depois, suas credenciais estavam nas mãos de um tipo muito diferente de hacker — um black hat operando do Leste Europeu. Diferente de Jake, esse hacker não se importava com avisos ou ética. Em poucos minutos, começou a roubar dados de funcionários, incluindo números de seguridade social e informações bancárias. Instalou um backdoor e apagou o histórico de login para esconder seus rastros. Em seguida, vendeu os dados em um fórum da dark web por 2.500 dólares.

Quando o departamento de TI percebeu a invasão três dias

depois, já era tarde demais. Dezenas de funcionários já haviam relatado atividades fraudulentas. A reputação da empresa estava desmoronando, e Olivia sentia-se consumida pela ansiedade, culpando-se por ter clicado no link.

Em outra parte do cenário digital, outra hacker estava apenas começando. Lily, uma adolescente white hat, participava de uma competição de cibersegurança patrocinada pelo governo. Sua missão: invadir o sistema de uma empresa fictícia, encontrar falhas e reportá-las. Foi exatamente o que ela fez — descobriu um firewall mal configurado que expunha APIs sensíveis. Em vez de explorar a vulnerabilidade, enviou um relatório e ganhou uma recompensa de 5.000 dólares.

Três hackers. Três motivações. Um único campo de batalha.

Jake hackeava pelo desafio e pela sensação de superioridade moral. O hacker do Leste Europeu hackeava por dinheiro e caos. Lily hackeava para aprender e proteger. Ainda assim, os três utilizavam métodos semelhantes — varredura, exploração, elevação de privilégios e evasão de detecção. O que os diferenciava não eram suas habilidades. Era a ética.

A história da invasão digital não é apenas sobre códigos e computadores. É sobre psicologia, persuasão e poder. Alguns hackers manipulam máquinas. Os mais perigosos manipulam pessoas. Eles estudam comportamentos, exploram emoções e transformam confiança em arma.

E enquanto as pessoas continuarem clicando em links suspeitos, reutilizando senhas e confiando em e-mails desconhecidos, os hackers continuarão vencendo.

Mas histórias como essas não precisam terminar em desastre. Entender como os hackers pensam — suas táticas, ferramentas e fraquezas — é o primeiro passo para reagir. Porque a melhor maneira de permanecer seguro na era digital é deixar de pensar como vítima... e começar a pensar como um hacker.

Capítulo 2: A Anatomia de um Ataque de Phishing

O phishing é uma das técnicas de invasão mais comuns e bem-sucedidas usadas atualmente — não porque seja altamente técnica, mas porque explora o comportamento humano. Um ataque de phishing engana as pessoas para que entreguem informações confidenciais ao se passar por uma fonte confiável. É a versão digital de um golpista aparecendo na sua porta fingindo ser o técnico da operadora de TV e saindo com sua carteira.

A anatomia de um ataque de phishing começa com a decepção. O atacante cria uma mensagem, geralmente um e-mail ou SMS, que parece vir de uma fonte confiável — seu banco, empregador, uma agência governamental ou até um amigo. Essas mensagens são projetadas para criar senso de urgência, medo ou curiosidade, pressionando a vítima a agir rapidamente sem pensar de forma crítica.

Um e-mail básico de phishing pode dizer algo como: “Sua conta foi comprometida. Clique aqui para redefinir sua senha.” Mas versões mais avançadas, conhecidas como spear phishing, são personalizadas especificamente para o alvo. Elas podem incluir o nome da vítima, cargo profissional ou referências a atividades recentes — geralmente coletadas de redes sociais ou bancos de dados públicos. Quanto mais personalizado o e-mail, mais convincente ele se torna.

Vamos analisar os componentes típicos de um e-mail de phishing:

O Endereço do Remetente: geralmente imita um domínio real, mas contém pequenos erros ortográficos, como "apple-support.com" em vez de "apple.com". Alguns atacantes até falsificam o cabeçalho do e-mail para fazê-lo parecer idêntico ao de um remetente legítimo.

A Linha de Assunto: criada para chamar atenção imediata. Exemplos incluem:

"Urgente: Aviso de Suspensão da Conta"
"Fatura em Atraso – Ação Necessária"
"Você Foi Selecionado para um Reembolso de Imposto"

O Corpo do E-mail: utiliza medo ou oportunidade para pressionar a vítima. Pode pedir para verificar uma conta, resgatar um prêmio ou visualizar um documento. O tom geralmente imita linguagem profissional.

O Link ou Anexo: este é o verdadeiro ataque. Clicar no link pode levar a um site falso criado para roubar credenciais. Abrir um anexo pode instalar malware ou ransomware.

O Site Falso: esses sites parecem idênticos aos verdadeiros, mas são hospedados em domínios fraudulentos. Usuários desatentos podem inserir nomes de usuário, senhas ou números de cartão de crédito que vão diretamente para o atacante.

Depois que a vítima clica no link e envia as informações, o hacker normalmente as utiliza em tempo real. Se credenciais de login forem roubadas, podem ser testadas imediatamente em vários serviços. Se dados bancários forem capturados, o dinheiro pode ser transferido em questão de minutos.

Também existem variantes de phishing além do e-mail.

Smishing é phishing via SMS ou aplicativos de mensagens.

Vishing é phishing por voz — ligações fraudulentas fingindo ser suporte técnico ou atendimento ao cliente.

Clone phishing replica e-mails legítimos antigos e adiciona anexos maliciosos.

Ataques de Comprometimento de E-mail Corporativo (BEC) enganam funcionários para transferirem dinheiro ou compartilharem informações sensíveis ao se passarem por CEOs ou executivos.

Então por que as pessoas ainda caem em phishing? A resposta é simples: esses ataques atingem emoções, não lógica. Os melhores e-mails de phishing são projetados para ignorar o processo racional do cérebro, criando pânico, ganância ou confiança.

Uma das maiores vulnerabilidades é a falta de hábitos de verificação. A maioria das pessoas não verifica URLs, endereços de e-mail ou formatação das mensagens. Elas presumem legitimidade com base em logotipos, linguagem profissional ou urgência do pedido.

Até profissionais altamente treinados caem em ataques de phishing — especialmente durante períodos de alto estresse, como época de impostos, eleições ou grandes eventos mundiais. Os hackers frequentemente sincronizam seus ataques com crises públicas, quando as pessoas estão distraídas ou sobrecarregadas.

Para se defender, aqui estão algumas estratégias essenciais contra phishing:

Passe o Cursor Antes de Clicar: no computador, sempre passe o mouse sobre os links para revelar a URL verdadeira antes de clicar.

Verifique o Remetente: procure pequenas diferenças no endereço de e-mail. Desconfie de provedores públicos como Gmail ou Yahoo sendo usados por supostas instituições oficiais.

Observe Gramática e Formatação: muitas mensagens de phishing contêm gramática estranha, frases incomuns ou branding inconsistente.

Não Clique em Links Desconhecidos nem Abra Anexos Inesperados: mesmo que a mensagem pareça vir de uma fonte confiável, confirme através de outro canal antes de abrir qualquer coisa.

Use Autenticação Multifator (MFA): assim, mesmo que sua senha seja comprometida, sua conta continuará protegida por uma segunda camada de verificação.

Reporte E-mails Suspeitos: a maioria das plataformas e empresas possui meios para denunciar tentativas de phishing. Isso ajuda a proteger outras pessoas.

Treine a Si Mesmo e Sua Equipe: treinamentos de conscientização sobre phishing — especialmente em pequenas empresas — podem reduzir drasticamente o risco desses ataques.

Considere também usar extensões de navegador e filtros de e-mail que analisam automaticamente tentativas de phishing. Ferramentas como Google Safe Browsing, Microsoft Defender SmartScreen e PhishTank podem alertar usuários sobre sites e links suspeitos.

No final das contas, o sucesso do phishing depende de um momento de distração. O atacante aposta que você está ocupado, estressado ou cansado demais para analisar cuidadosamente um e-mail que parece suficientemente real. Mas quando você aprende a parar, verificar e pensar criticamente sobre toda comunicação digital — o phishing perde seu poder.

A melhor proteção não é software — é ceticismo. Questione tudo. Confie com cautela. E nunca deixe a urgência levá-lo a cometer um erro.

Agora, vamos conhecer a história de Derrick.

Derrick Chen acabara de terminar sua segunda xícara de café quando o e-mail chegou à sua caixa de entrada. O assunto dizia: URGENTE: Acesso à Folha de Pagamento Suspenso – Atualize suas Credenciais.

O remetente era “HR@empiretechpayroll.com” e parecia legítimo. Derrick trabalhava como gerente regional na

EmpireTech, uma empresa de software em rápido crescimento, e notificações do RH como aquela não eram incomuns – especialmente durante auditorias trimestrais. Ele olhou rapidamente para o relógio. 9h17. Seu dia já estava lotado, e ele não queria correr o risco de problemas de pagamento para sua equipe.

Ele clicou no link.

A página aberta parecia idêntica ao portal de folha de pagamento da EmpireTech — mesmo logotipo, mesmas cores, mesma caixa de login. Sem pensar duas vezes, Derrick digitou seu usuário e senha e clicou em "Entrar". A página piscou e então redirecionou para uma mensagem genérica de erro. Ele suspirou, assumiu que fosse uma falha temporária e continuou o dia normalmente.

Duas horas depois, o verdadeiro dano começou.

Do outro lado do mundo, em um pequeno apartamento em Manila, um cibercriminoso chamado Rico recostou-se na cadeira e sorriu. As credenciais haviam funcionado. O acesso de Derrick permitia entrar não apenas nos registros da folha de pagamento, mas também em formulários fiscais, números bancários e dados de seguridade social dos funcionários. Rico nem precisou procurar muito. O portal tinha tudo perfeitamente organizado. Ele empacotou os dados, criptografou-os e os colocou à venda em um mercado da darknet, onde credenciais roubadas e registros pessoais eram vendidos como ouro.

Ao meio-dia, Rico já havia lucrado 1.200 dólares com a invasão. Derrick, ainda sem perceber nada, participava de uma chamada com cliente quando a equipe de segurança da empresa identificou acessos não autorizados vindos das Filipinas. Em minutos, a conta foi bloqueada — mas o estrago já estava feito.

Quando o departamento de TI da EmpireTech entrou em contato com Derrick, ele ficou em choque. "Achei que fosse do RH", disse nervosamente. "O logotipo era igual. A mensagem parecia correta." Mas não era. Uma análise mais cuidadosa revelou pistas sutis — como o domínio "empiretechpayroll.com" em vez do verdadeiro "empiretech.com". O corpo do e-mail também continha pequenas inconsistências gramaticais e linguagem excessivamente urgente.

Derrick não era burro. Ele apenas estava ocupado. Distraído. Correndo contra o tempo. E era exatamente nisso que Rico apostava.

O phishing não dependia de genialidade técnica. Dependia de psicologia.

Enquanto isso, do outro lado da cidade, Alicia Monroe verificava seu telefone durante o almoço quando recebeu uma mensagem: ALERTA CHASE: Login suspeito detectado. Clique aqui para proteger sua conta.

O link parecia oficial. A mensagem utilizava a identidade visual verdadeira do Chase. Mas Alicia hesitou. Ela lembrou de um treinamento sobre phishing que havia participado meses antes, onde o palestrante dizia: "Nunca confie em links enviados por mensagens. Vá diretamente à fonte oficial."

Ela fechou a mensagem, abriu o aplicativo oficial do Chase e entrou normalmente. Nenhum alerta. Nenhum problema. Sua conta estava segura.

Aliviada, Alicia encaminhou a mensagem para a equipe antifraude do banco e a apagou.

Alicia quase havia sido vítima de smishing — phishing via SMS. Sua decisão de verificar antes salvou tempo, dinheiro e estresse. Mas muitas pessoas não eram tão cautelosas.

No mundo de Rico, phishing era um jogo de números. Ele não precisava que todos os e-mails funcionassem. Precisava apenas de um em cada cem. Por isso utilizava kits automatizados com páginas falsas de login, formatação profissional e até CAPTCHAs falsos para gerar confiança. Os kits eram atualizados regularmente para imitar as plataformas mais populares: Microsoft 365, PayPal, Google, Facebook e sistemas corporativos de folha de pagamento.

Rico utilizava dados públicos para aumentar sua taxa de sucesso. Analisava perfis no LinkedIn em busca de cargos, aniversários e promoções recentes. Coletava e-mails de bancos de dados vazados. Adaptava mensagens aos eventos atuais – oferecendo falsas atualizações de vacinas durante a pandemia, links de restituição de impostos na época fiscal e alertas falsos de entregas durante feriados.

Ele também realizava ataques BEC — Comprometimento de E-mail Corporativo — fingindo ser executivos e pedindo que funcionários comprassem cartões-presente ou enviassem transferências bancárias. Em um caso, enganou uma assistente para enviar 7.500 dólares para uma conta falsa apenas imitando o tom de voz e assinatura do chefe dela.

Mas nem todas as histórias de phishing terminavam em perdas.

Em uma empresa de contabilidade de médio porte em Chicago, uma funcionária chamada Lila recebeu um e-mail aparentemente enviado pelo CEO solicitando dados confidenciais de clientes. Ela parou. Algo parecia errado. O e-mail não utilizava o estilo típico do CEO, e havia um estranho espaçamento na assinatura.

Em vez de responder, Lila pegou o telefone e ligou diretamente para o chefe.

"Você acabou de me enviar um e-mail sobre arquivos fiscais?", perguntou.

"Não. Que e-mail?"

Ela encaminhou a mensagem para o TI. Em poucos minutos, descobriram que a empresa estava sendo alvo de uma campanha de spear phishing, provavelmente ligada a uma violação recente em um fornecedor terceirizado. Graças à hesitação de Lila, a empresa evitou um enorme vazamento de dados.

Essas histórias revelam toda a anatomia do phishing: não se trata de invadir códigos — trata-se de invadir a confiança. Os atacantes sabem que você está ocupado. Sabem que você não analisará cuidadosamente cada e-mail. Eles exploram seu estresse, sua rotina e suas suposições.

Mas quando você desacelera, verifica e pensa antes de clicar – você destrói o jogo deles.

O erro de Derrick foi um lembrete de quão real é o risco. A cautela de Alicia e Lila mostrou como pequenos atos de ceticismo podem salvar empresas inteiras.

No próximo capítulo, vamos explorar mais profundamente como hackers manipulam o comportamento humano – como exploram emoções, autoridade e urgência para obter acesso ao seu mundo digital.

Porque o phishing é apenas o começo.

Capítulo 3: Engenharia Social – Como os Hackers Enganam Você

A engenharia social é a arte de manipular pessoas para revelar informações confidenciais ou realizar ações que comprometem a segurança. Não se trata de invadir sistemas — trata-se de invadir pessoas. Enquanto vulnerabilidades técnicas podem ser corrigidas com atualizações de software, vulnerabilidades humanas são muito mais difíceis de resolver. É por isso que a engenharia social é uma das ferramentas mais perigosas e bem-sucedidas no arsenal de um hacker.

Em sua essência, a engenharia social depende da exploração de gatilhos psicológicos como confiança, medo, urgência, autoridade, curiosidade e desejo de ajudar. Em vez de quebrar senhas ou descriptografar sistemas, engenheiros sociais estudam comportamento, emoções e dinâmicas sociais. Eles se passam por outras pessoas, manipulam e enganam para ultrapassar defesas digitais — muitas vezes sem escrever uma única linha de código malicioso.

Existem vários tipos comuns de ataques de engenharia social, cada um criado para explorar fraquezas emocionais ou psicológicas específicas:

Pretexting: envolve criar um cenário falso (ou pretexto) para convencer a vítima a compartilhar informações ou conceder acesso. Por exemplo, um hacker pode fingir ser um técnico de TI e afirmar que precisa de acesso remoto para corrigir um problema técnico.

Baiting: semelhante ao phishing, o baiting oferece algo atraente — como um download gratuito, cartão-presente ou pen drive — em troca de acesso. Conectar um USB infectado com o nome "Lista de Bônus dos Funcionários" é uma tática clássica.

Tailgating (ou Piggybacking): esta forma física de engenharia social ocorre quando um invasor segue um funcionário autorizado para entrar em um prédio ou sala segura fingindo ter esquecido seu crachá.

Quid Pro Quo: o atacante oferece algo em troca de informações. Isso pode incluir alguém fingindo ser pesquisador oferecendo um prêmio em troca de credenciais de login ou um falso suporte técnico oferecendo "ajuda" em troca de acesso.

Impersonação e Autoridade: atacantes fingem ser alguém importante – como um CEO, gerente bancário ou funcionário do governo. As vítimas geralmente têm medo de questionar figuras de autoridade, especialmente quando há urgência envolvida.

Engenharia Social Reversa: esta técnica manipula a vítima para que ela inicie o contato. Por exemplo, um hacker cria um problema falso, como travar um sistema, e depois se apresenta como a solução, esperando que alguém peça ajuda.

Ataques de engenharia social podem acontecer online, por telefone ou pessoalmente. O que os torna particularmente perigosos é que não exigem nenhuma vulnerabilidade técnica — apenas confiança humana e uma história convincente.

Vamos analisar como um ataque de engenharia social normalmente acontece:

Reconhecimento: o atacante pesquisa o alvo. Isso pode incluir analisar redes sociais, perfis no LinkedIn ou sites corporativos para coletar detalhes pessoais, hierarquias de funcionários e padrões de comportamento.

Planejamento da Abordagem: com base na pesquisa, o atacante decide qual tipo de pretexto ou personagem irá utilizar. A mensagem, o tom e o contexto são personalizados para o alvo.

Início do Contato: o hacker entra em contato por telefone, e-mail, mensagem ou pessoalmente. Frequentemente cria empatia rapidamente, usando familiaridade, confiança ou elogios para diminuir as defesas da vítima.

Exploração: o atacante solicita ações específicas — clicar em um link, fornecer credenciais, permitir acesso remoto ou encaminhar informações sensíveis.

Estratégia de Saída: um engenheiro social bem-sucedido não deixa rastros. Ele pode terminar a conversa casualmente, agradecer à vítima ou até elogiá-la por ser "tão prestativa".

Uma das razões pelas quais a engenharia social é tão eficaz é o viés cognitivo. Somos naturalmente programados para confiar em pessoas que parecem confiantes, prestativas ou parecidas conosco. No mundo digital, esse viés é amplificado pela ausência de sinais presenciais e pela tendência de responder rapidamente às mensagens.

Engenheiros sociais também exploram pressão emocional. Uma tática clássica é combinar autoridade com urgência — como fingir ser um chefe irritado exigindo ação imediata. Muitos funcionários não param para questionar pedidos assim por medo de repreensão.

Mesmo os melhores sistemas de segurança podem se tornar inúteis por causa de um único erro — como um funcionário compartilhando uma senha por telefone ou clicando em um link malicioso. É por isso que a engenharia social frequentemente é a primeira etapa de um ataque maior. Depois de obter acesso, o invasor pode ampliar privilégios, instalar malware ou roubar dados.

Para se defender da engenharia social, tanto conscientização quanto ceticismo são essenciais. Aqui estão algumas dicas importantes de prevenção:

Verifique Identidades: sempre confirme a identidade de alguém por um segundo método. Se alguém ligar dizendo ser do departamento de TI, desligue e ligue de volta usando um número interno conhecido.

Desacelere: engenheiros sociais prosperam com urgência. Reserve um momento para avaliar a situação. Questione qualquer pedido que pareça fora do normal.

Limite o Compartilhamento de Informações: tenha cuidado com o que compartilha nas redes sociais ou por telefone. Mesmo pequenos detalhes podem ser usados para criar ataques convincentes.

Use Protocolos de Segurança: empresas devem implementar políticas que exijam múltiplas etapas de verificação antes de ações sensíveis, como transferências bancárias ou alteração de senhas.

Eduque e Treine Regularmente: treinamentos contínuos de conscientização em segurança são fundamentais. Simulações de phishing e impersonação ajudam a reforçar bons hábitos.

Reporte Comportamentos Suspeitos: incentive uma cultura em que funcionários se sintam confortáveis para reportar qualquer comportamento incomum, mesmo sem certeza de que seja ameaça.

No final das contas, a defesa mais forte contra engenharia social é um saudável senso de dúvida. Em um mundo onde atacantes se passam por pessoas confiáveis, é melhor verificar duas vezes do que confiar cegamente uma vez.

O cérebro humano é o processador mais complexo e poderoso do mundo — mas também o mais explorável. Os hackers sabem disso. E, a menos que nos treinemos para pensar como defensores, continuaremos caindo em suas armadilhas.

No próximo capítulo, vamos mergulhar no lado técnico do cibercrime: malware, ransomware e spyware — o que são, como funcionam e como impedir que dominem o seu sistema.

A história da transferência bancária de Jessica

Jessica Alvarez tinha orgulho do seu trabalho. Como assistente executiva em uma startup de saúde em crescimento em Miami, ela era a guardiã da organização — coordenando reuniões, filtrando e-mails e gerenciando agendas. Orgulhava-se de ser rápida, eficiente e confiável. Mas, em uma manhã de sexta-feira, tornou-se o centro de uma investigação de cibercrime que nunca imaginou enfrentar.

Às 10h06, um e-mail chegou à sua caixa de entrada:

De: ceooffice@medicorptx.com

Assunto: Confidencial – Transferência Bancária Imediata Necessária

A mensagem era direta e urgente:

"Jessica, preciso que você processe uma transferência bancária para um fornecedor que já utilizamos anteriormente. É urgente. Estou em uma ligação — por favor, não demore. Os dados da conta estão abaixo. Confirme quando concluir. — Derek"

Derek era o CEO. Ele estava viajando naquela semana. O tom parecia familiar. Frequentemente encerrava mensagens abruptamente quando estava em reuniões. Jessica não hesitou.

Abriu o portal bancário da empresa e começou a inserir os dados da transferência de 38.000 dólares.

Ela hesitou apenas uma vez — perguntando a si mesma se lembrava daquele fornecedor específico. Mas o e-mail havia copiado o que parecia ser a assistente executiva de Derek, então presumiu que fosse legítimo. Finalizou a transferência e respondeu: "Concluído."

Levou menos de dez minutos.

Uma hora depois, o verdadeiro Derek ligou do hotel.

"Transferência bancária? Do que você está falando?"

O rosto de Jessica perdeu a cor. Não era ele. Nunca foi.

Um hacker havia usado engenharia social para imitar a linguagem de Derek, falsificar o e-mail e criar urgência suficiente para ultrapassar os instintos normalmente atentos de Jessica. Ele sabia que ela era assistente. Sabia que Derek estava fora do escritório. Sabia que a empresa utilizava transferências bancárias regularmente. Como? Redes sociais. LinkedIn. Comunicados de imprensa. E talvez até uma violação anterior em algum fornecedor.

A empresa registrou um relatório no FBI. O dinheiro nunca foi recuperado.

Do outro lado do país, um tipo diferente de ataque de engenharia social acontecia em uma sala de espera de hospital em Phoenix. Um jovem usando crachá de segurança atravessou uma porta restrita sem passar cartão. Ele simplesmente entrou logo atrás de uma enfermeira após segurar a porta educadamente. Ninguém questionou sua presença.

No bolso, carregava um pen drive. Encontrou uma estação de trabalho sem supervisão, conectou o dispositivo e esperou três segundos. Um script foi executado automaticamente, conectando-se a um servidor remoto de comando. Quando saiu do hospital, um backdoor remoto já havia sido estabelecido na rede interna.

Tailgating. Uma das formas mais antigas e simples de engenharia social. E funcionou — porque as pessoas são condicionadas a serem educadas.

Enquanto isso, do outro lado do Atlântico, no Reino Unido, Marcus, um estudante universitário de cibersegurança, conduzia um experimento de "engenharia social reversa" para um projeto acadêmico. Ele criou deliberadamente um erro no computador de um colega, desativando remotamente um driver de impressora usando uma vulnerabilidade administrativa do sistema compartilhado da escola.

Depois enviou uma mensagem de uma conta falsa de suporte técnico:

"Detectamos um problema em sua conta estudantil. Entre em contato com o Help Desk de TI no ramal 4429 para assistência."

Como esperado, o estudante ligou. Marcus atendeu com voz calma e profissional, guiou a vítima por uma "correção" e pediu que baixasse um arquivo de teste inofensivo. Mais tarde revelou o experimento e foi elogiado pelo professor. Funcionou perfeitamente. Por quê? Porque a vítima acreditava estar iniciando o contato. Sentia que estava no controle. Esse é o verdadeiro poder da engenharia social reversa.

Mas fora das salas de aula, essas técnicas têm consequências reais.

Em Washington, D.C., uma funcionária federal foi enganada por alguém que ligou fingindo ser da "Segurança Interna de TI".

"Detectamos atividade suspeita em sua conta federal. Só preciso confirmar seu número de identificação e frase de segurança para reautorizar o acesso." Nervosa e preocupada, ela forneceu as informações. Em menos de quinze minutos, suas credenciais foram usadas para acessar documentos sensíveis, provocando o bloqueio completo do sistema.

Mais tarde, ela confessou:

“Ele não parecia um hacker. Parecia alguém querendo ajudar.”

É isso que torna a engenharia social tão poderosa. Ela não parece uma ameaça. Parece seu chefe, sua equipe de TI, um estranho prestativo ou um colega fazendo seu trabalho. Ela não derruba sistemas nem quebra firewalls. Ela passa silenciosamente por eles usando a máscara da normalidade.

Jessica, a assistente executiva, ainda revivia aquela manhã de sexta-feira em sua mente. O e-mail. O tom. A velocidade com que agiu. Depois disso, sua empresa revisou os protocolos financeiros: nada de solicitações financeiras via e-mail sem confirmação verbal. Mas o dinheiro já havia desaparecido — assim como parte da confiança dela em si mesma.

Ela não era burra. Era humana.

E no mundo da engenharia social, isso já é toda a abertura que um atacante precisa.

Malware, abreviação de [illegible], é qualquer programa [illegible] criado com [illegible] para infiltrar, danificar ou obter acesso não autorizado a um sistema de computador. Embora o termo seja frequentemente usado em conversas sobre tecnologia, muitas pessoas não compreendem o quão sofisticado — e perigoso — o malware atual se tornou. Ele não está mais limitado a pop-ups irritantes ou ameaças antigas de antivírus. Hoje, o malware é o motor por trás de tudo, desde ataques de ransomware que paralisam hospitais até spywares que monitoram silenciosamente cada movimento seu.

Existem muitos tipos de malware, cada um com uma função, método de infecção e objetivo distintos. Vamos analisar as categorias mais comuns que você precisa entender.

1. Vírus

Os vírus são o tipo mais antigo e conhecido de malware. Eles se anexam a arquivos legítimos e se replicam quando esses arquivos são compartilhados e abertos. Uma vez ativos, podem corromper arquivos, apagar dados, desacelerar sistemas ou até tornar um dispositivo inutilizável. Os vírus

Capítulo 4: Malware, Ransomware e Spyware Explicados

Malware, abreviação de "software malicioso", é qualquer programa ou código criado para infiltrar, danificar, interromper ou obter acesso não autorizado a um sistema de computador. Embora o termo seja frequentemente usado em conversas sobre tecnologia, muitas pessoas não compreendem o quão sofisticado — e perigoso — o malware atual se tornou. Ele não está mais limitado a pop-ups suspeitos ou ameaças antigas de antivírus. Hoje, o malware é o motor por trás de tudo, desde ataques de ransomware que paralisam hospitais até spywares que monitoram silenciosamente cada movimento seu.

Existem muitos tipos de malware, cada um com uma função, método de infecção e objetivo distintos. Vamos analisar as categorias mais comuns que você precisa entender:

1. Vírus

Os vírus são o tipo mais antigo e conhecido de malware. Eles se anexam a arquivos legítimos e se replicam quando esses arquivos são compartilhados ou abertos. Uma vez ativos, podem corromper arquivos, apagar dados, desacelerar sistemas ou até tornar um dispositivo inutilizável. Os vírus exigem interação do usuário para se espalhar, como abrir um documento infectado ou executar um aplicativo comprometido.

2. Worms

Diferentemente dos vírus, os worms não precisam de interação humana. Eles se espalham automaticamente pelas redes explorando vulnerabilidades do sistema. Um worm pode infectar um escritório inteiro — ou até redes globais — sem que ninguém clique em nada. Worms frequentemente causam congestionamento de rede, lentidão ou falhas de sistema.

3. Trojans

Nomeados em referência ao famoso Cavalo de Troia da mitologia grega, os trojans se disfarçam como softwares inofensivos ou úteis. Eles enganam os usuários para que sejam instalados e, uma vez dentro do sistema, podem abrir backdoors para acesso remoto, roubar dados ou instalar outros tipos de malware.

4. Ransomware

Essa forma particularmente destrutiva de malware criptografa seus arquivos ou bloqueia seu sistema e exige um pagamento de resgate para restaurar o acesso. As vítimas geralmente são instruídas a pagar em criptomoedas dentro de um prazo curto — ou arriscar perder os dados permanentemente. Ataques de ransomware já afetaram indivíduos, escolas, empresas e até governos municipais.

5. Spyware

Spyware é criado para monitorar secretamente suas atividades. Ele pode rastrear teclas digitadas, capturar senhas, observar e-mails e registrar histórico de navegação. Alguns spywares avançados conseguem até ativar webcams ou microfones sem seu conhecimento. É frequentemente utilizado em espionagem corporativa ou roubo de identidade.

6. Adware

Embora nem sempre seja malicioso, o adware é um tipo de malware que bombardeia usuários com anúncios indesejados. Alguns adwares rastreiam comportamento do usuário e redirecionam tráfego para sites maliciosos. Embora geralmente seja mais irritante do que destrutivo, ele pode desacelerar o dispositivo e abrir portas para ameaças mais sérias.

7. Rootkits e Keyloggers

Rootkits são ferramentas que permitem aos hackers obter e manter acesso administrativo a um sistema sem serem detectados. Keyloggers registram secretamente tudo que é digitado, capturando dados sensíveis como senhas e números de cartão de crédito.

Como o Malware Infecta Sistemas

O malware não simplesmente "aparece". Ele precisa de uma porta de entrada. Os vetores de infecção mais comuns incluem:

Anexos e links de e-mail, especialmente em mensagens de phishing

Downloads infectados de sites não confiáveis ou softwares piratas

Sites comprometidos com downloads automáticos que instalam malware ao visitar a página

Dispositivos USB infectados

Atualizações falsas ou alertas pop-up pedindo download de softwares maliciosos disfarçados de programas legítimos

Anúncios maliciosos, conhecidos como malvertising, que infectam automaticamente usuários quando exibidos em sites.

Depois de instalado, o malware pode executar inúmeras atividades maliciosas: roubar credenciais, apagar arquivos, sequestrar seu computador para mineração de criptomoedas, gravar conversas privadas ou criptografar todo o disco rígido.

Como o Ransomware Funciona na Prática

Um ataque típico de ransomware começa com um e-mail de phishing que engana a vítima para clicar em um link ou baixar um arquivo infectado. Esse arquivo instala o ransomware silenciosamente em segundo plano. Em poucos minutos, ele criptografa documentos, fotos, planilhas e bancos de dados, substituindo-os por arquivos ilegíveis.

A vítima então vê uma mensagem de resgate na tela:

"Seus arquivos foram criptografados. Para restaurar o acesso, envie 0,5 Bitcoin para este endereço de carteira dentro de 72 horas. O não pagamento resultará na exclusão permanente dos seus dados."

A pressão é psicológica. As vítimas se sentem impotentes, especialmente quando não possuem backups. E pagar o resgate nem sempre garante recuperação dos arquivos. Em alguns casos, os dados nunca são devolvidos — ou o sistema permanece infectado.

Por Que o Spyware é Tão Perigoso

O spyware é perigoso porque opera silenciosamente. Você pode nunca perceber sua presença — até ter sua identidade roubada ou contas bancárias esvaziadas. Ele frequentemente vem escondido em softwares gratuitos, extensões de navegador ou aplicativos móveis. Spywares avançados conseguem monitorar atividades por meses sem serem detectados.

Espiões corporativos, parceiros ciumentos e cibercriminosos já utilizaram spyware para vigiar alvos. Ele é especialmente perigoso em dispositivos móveis, onde usuários armazenam dados pessoais, fotos e localização em tempo real.

Como Detectar e Remover Malware

Nem sempre é fácil identificar malware. Alguns sinais incluem:

Desempenho lento do sistema

Pop-ups frequentes, mesmo sem navegador aberto

Novos programas ou ícones desconhecidos

Redirecionamento de pesquisas no navegador

Luz da webcam ou microfone ativando inesperadamente

Atividade de rede incomum.

Se suspeitar de malware, siga estes passos:

Desconecte-se da internet para impedir transmissão adicional de dados.

Execute uma verificação completa usando antivírus ou antimalware confiável como Malwarebytes, Bitdefender ou Norton.

Exclua arquivos colocados em quarentena ou identificados como perigosos.

Atualize o sistema operacional e os patches de segurança.

Redefina senhas de contas importantes.

Restaure arquivos a partir de backups limpos, se necessário.

Em casos extremos, pode ser necessário apagar completamente o sistema e reinstalar o sistema operacional.

Como Prevenir Infecções por Malware

Prevenir é muito melhor do que remediar. Siga estas práticas essenciais:

Mantenha todos os softwares atualizados

Use um antivírus forte com proteção em tempo real

Evite clicar em links ou anexos de e-mails não solicitados

Baixe softwares apenas de fontes confiáveis

Evite softwares piratas ou crackeados

Use firewalls e VPNs como camadas adicionais de defesa

Faça backup regular de arquivos importantes em discos externos ou nuvem segura

Utilize extensões de navegador que bloqueiem anúncios maliciosos e rastreadores.

Malware não é apenas um incômodo — é uma ferramenta de extorsão, roubo e vigilância. Está evoluindo constantemente, e a única forma de se defender é manter-se informado, cauteloso e desenvolver hábitos inteligentes no uso diário da tecnologia.

No próximo capítulo, veremos golpes reais e como hackers utilizaram essas táticas para roubar milhões de empresas e indivíduos ao redor do mundo — muitas vezes de formas que você jamais imaginaria.

Tudo começou com uma planilha.

Carla Jensen, proprietária de uma pequena empresa em Minneapolis, havia acabado de receber um e-mail que parecia vir de um fornecedor antigo. O assunto dizia: Planilha de Preços Atualizada - Urgente. O momento fazia sentido — ela havia perguntado sobre custos de estoque na semana anterior. Então, quando viu o arquivo Excel anexado, clicou.

Nada aconteceu. O arquivo parecia vazio.

Ela deu de ombros e fechou o documento. Mas, nos bastidores, algo muito real havia acabado de se instalar.

O computador de Carla agora estava infectado com ransomware — uma variante que lentamente se espalhou pela rede, criptografando silenciosamente documentos, registros de clientes, faturas e até o software contábil. Ela não percebeu nada errado até a manhã seguinte, quando todos os arquivos passaram a exibir caracteres ilegíveis e uma mensagem apareceu na tela:

"Seus arquivos foram criptografados. Pague 0,4 Bitcoin dentro de 72 horas ou seus dados serão perdidos permanentemente."

Ela ficou em choque. Anos de dados — perdidos. Nenhum backup. Nenhuma sincronização em nuvem. Tudo de que sua empresa dependia agora estava preso em um cofre digital. Desesperada, ligou para o técnico de TI, mas ele confirmou seu pior medo. A infecção havia atingido todos os dispositivos da rede. As únicas opções eram pagar o resgate ou recomeçar do zero.

Carla decidiu pagar.

Horas após transferir o dinheiro, recebeu uma chave de descriptografia. Alguns arquivos foram restaurados. Outros não. Alguns permaneceram corrompidos. E enquanto reiniciava o sistema, um arrepio percorreu sua espinha — o malware realmente havia sido removido? Ou o atacante ainda estava observando?

Enquanto isso, em San Diego, Devonte Ramirez, de 17 anos, mexia em seu novo laptop. Ele havia baixado um aplicativo gratuito de gravação de tela para criar tutoriais de jogos para seu canal no YouTube. O site mostrava ótimas avaliações e milhares de downloads. Mas escondido dentro do instalador havia um spyware — um keylogger que registrava silenciosamente cada tecla digitada, captura de tela e tentativa de login.

Em menos de uma semana, Instagram e Gmail de Devonte foram hackeados. Suas senhas haviam sido enviadas para um servidor na Europa Oriental, e alguém começou a publicar golpes em suas redes sociais. Ele perdeu acesso às contas e não entendia como aquilo havia acontecido — até que um voluntário de cibersegurança em um evento escolar escaneou o dispositivo e revelou a infecção.

“Você não fez nada errado”, disse o especialista gentilmente. “Você apenas confiou no download errado.”

Devonte sentiu-se violado. Alguém havia observado tudo — suas mensagens, conversas privadas e talvez até sua webcam.

Em um escritório de advocacia em Boston, a advogada Lisa Mendelson enfrentava um tipo diferente de malware. Seu sistema havia ficado extremamente lento. Pop-ups apareciam mesmo sem navegador aberto. O mecanismo de busca redirecionava para sites desconhecidos, e havia ícones estranhos na área de trabalho. Não era ransomware nem spyware — era adware, inundando o sistema com lixo digital.

O adware veio junto com um conversor gratuito de PDF baixado no mês anterior.

“Qual o problema nisso?”, ela pensou na época. Agora percebia que aquilo havia aberto portas para ameaças mais perigosas. O antivírus não detectava o problema, e toda vez que tentava remover os programas, eles retornavam após reiniciar o computador.

A equipe de TI precisou realizar uma redefinição completa do sistema para eliminar a infecção.

Depois houve Tom, gerente de logística em uma empresa de transporte em Houston. Ele nunca baixava arquivos suspeitos nem clicava em links estranhos. Mas cometeu um pequeno erro — conectou um pen drive gratuito recebido em uma conferência.

O dispositivo continha um trojan.

Sem perceber, Tom abriu um backdoor na rede da empresa. Durante duas semanas, hackers utilizaram essa porta para coletar dados sobre rotas de entrega, faturas e até informações de cartões de crédito de clientes. Eles não dispararam alarmes. Apenas roubaram dados silenciosamente — até que clientes começaram a relatar cobranças fraudulentas.

Quando a invasão foi descoberta, o prejuízo ultrapassava 300 mil dólares em multas regulatórias, danos à reputação e perda de negócios.

Todas essas histórias tinham algo em comum: o malware não arrombou a porta — ele foi convidado a entrar.

Seja por uma fatura falsa, um aplicativo gratuito, um pen drive promocional ou um arquivo aparentemente inofensivo, o malware prospera com confiança, curiosidade e conveniência. Ele se esconde à vista de todos, esperando um único clique, toque ou download para assumir o controle.

Carla nunca recuperou todos os seus arquivos. Devonte precisou reconstruir sua presença online do zero. Lisa aprendeu a evitar qualquer software que não viesse de fonte verificada. A empresa de Tom implementou novos protocolos: nenhum USB desconhecido, nenhum software não verificado e treinamentos obrigatórios de segurança para todos os funcionários.

E ainda assim, centenas de novas variantes de malware são criadas todos os dias. Algumas são rudimentares. Outras incrivelmente avançadas — capazes de evitar detecção, espalhar-se lateralmente pelas redes e extrair dados com precisão cirúrgica.

A lição?

Se você utiliza um dispositivo conectado à internet, você é um alvo. Não por quem você é, mas pelo que seu sistema representa: acesso, dados e vantagem.

Mas ser um alvo não significa ser uma vítima.

Aprenda os sinais. Permaneça atento. E nunca presuma que silêncio significa segurança — porque o malware mais perigoso é justamente aquele que você nunca vê chegando.

Capítulo 5: Golpes do Mundo Real Que Custaram Milhões

O cibercrime não é mais uma ameaça teórica reservada para hackers em filmes de Hollywood. É uma indústria muito real e em rápido crescimento, que custa centenas de bilhões de dólares à economia global todos os anos. Por trás de cada e-mail de phishing, tela falsa de login ou mensagem de ransomware existe um ataque deliberado, motivado financeiramente, capaz de destruir empresas, esvaziar economias pessoais ou até paralisar governos inteiros.

Neste capítulo, vamos analisar golpes reais que causaram enormes prejuízos financeiros e as principais lições que você precisa aprender para evitar sofrer o mesmo destino. Cada caso serve como um alerta e mostra como essas táticas são comuns — independentemente do setor, localização ou tamanho da empresa.

1. O Golpe de Phishing de 100 Milhões de Dólares Contra Google e Facebook

Entre 2013 e 2015, duas das maiores gigantes da tecnologia do mundo — Google e Facebook — perderam mais de 100 milhões de dólares para um único homem usando um simples golpe por e-mail.

Evaldas Rimasauskas, um cidadão lituano, fingiu ser um fornecedor legítimo localizado na Ásia. Ele criou endereços de e-mail falsos, faturas e contratos extremamente parecidos com os de um fornecedor real utilizado pelas duas empresas. Enviava faturas falsas para funcionários do departamento financeiro, e eles efetuavam os pagamentos acreditando serem cobranças legítimas por serviços reais.

O golpe funcionou durante anos antes de ser descoberto.

Lição: até grandes empresas com equipes contábeis profissionais podem ser enganadas quando etapas de verificação são ignoradas. Sempre confirme solicitações de pagamento através de múltiplos canais.

2. O Ataque de Ransomware à Colonial Pipeline

Em maio de 2021, um grupo de ransomware chamado DarkSide atacou a Colonial Pipeline, o maior sistema de oleodutos dos Estados Unidos. Os invasores entraram na rede através de uma senha comprometida de uma conta VPN e instalaram ransomware que obrigou a empresa a interromper as operações por vários dias.

O resultado? Escassez de combustível, aumento de preços e compras em pânico em toda a Costa Leste dos EUA. A Colonial

Pipeline acabou pagando 4,4 milhões de dólares em Bitcoin para recuperar o controle dos sistemas.

Lição: até infraestruturas críticas são vulneráveis a senhas fracas e autenticação inadequada. O ataque não foi altamente técnico — tratava-se de explorar vulnerabilidades simples.

3. A Assistente de Barbara Corcoran Envia 400 Mil Dólares para Fraudadores

Em 2020, Barbara Corcoran, empresária do setor imobiliário e investidora do programa "Shark Tank", perdeu quase 400 mil dólares em um golpe de comprometimento de e-mail corporativo (BEC).

Criminosos fingiram ser sua assistente e enviaram um e-mail ao contador solicitando uma transferência bancária para uma reforma imobiliária. O endereço de e-mail era quase idêntico ao verdadeiro — exceto por uma letra extra. O contador realizou a transferência, e o dinheiro desapareceu.

Lição: um único caractere em um endereço de e-mail pode definir o sucesso de um golpe. Sempre confirme pedidos financeiros incomuns por telefone ou pessoalmente, especialmente quando envolverem grandes valores.

4. O Hospital Que Pagou para Salvar Vidas

Em 2017, um pequeno hospital em Indiana sofreu um ataque de ransomware que criptografou sistemas médicos críticos e bloqueou o acesso de profissionais da saúde aos registros de pacientes.

Sem backups disponíveis e com vidas em risco, o hospital decidiu pagar cerca de 55 mil dólares em Bitcoin para restaurar o acesso.

Os sistemas foram descriptografados, mas o incidente destacou a perigosa ligação entre saúde e cibersegurança.

Lição: não possuir uma estratégia de backup pode transformar ransomware de um simples transtorno em uma emergência com risco de vida. Hospitais, escolas e órgãos públicos frequentemente são alvos desprotegidos.

5. O Golpe do "CEO Falso" de 17 Milhões de Euros

Uma empresa na Áustria foi manipulada a transferir 17 milhões de euros para uma conta estrangeira após receber uma ligação de alguém fingindo ser o CEO da companhia.

O golpe combinou engenharia social com pesquisa profunda. Os criminosos conheciam a agenda de viagens do CEO e criaram uma narrativa extremamente convincente por telefone e e-mail, instruindo o departamento financeiro a fazer a transferência imediatamente.

O funcionário responsável obedeceu — e quando o verdadeiro CEO retornou, o dinheiro já havia desaparecido em contas offshore.

Lição: autoridade e urgência são ferramentas extremamente poderosas de manipulação. Funcionários devem ser treinados para questionar até solicitações vindas da diretoria quando estiverem fora dos procedimentos normais.

Temas Comuns Nesses Golpes

Embora os valores variem, todos esses ataques compartilham algumas características principais:

Eles exploram confiança. Golpistas sabem parecer legítimos. Eles imitam colegas, executivos, fornecedores e até familiares para reduzir suas defesas.

Eles dependem de urgência. Muitos desses golpes criam pressão para agir rapidamente — antes que a vítima tenha tempo de pensar criticamente ou verificar a solicitação.

Eles contornam a tecnologia. Mesmo empresas com firewalls fortes, antivírus e sistemas avançados de detecção foram comprometidas — porque os atacantes miraram nas pessoas, não nas máquinas.

Eles eram evitáveis. Na maioria dos casos, uma simples etapa de verificação, uma segunda ligação telefônica ou treinamento adequado poderia ter impedido o ataque.

Como Proteger Você e Sua Organização

Se esses golpes podem acontecer com empresas bilionárias, podem acontecer com qualquer pessoa. Mas existem medidas práticas para reduzir drasticamente os riscos:

Use Autenticação Multifator (MFA): uma senha roubada é muito menos perigosa quando o invasor também precisa de um segundo código ou token.

Verifique Solicitações de Pagamento: nunca autorize transferências bancárias ou alterações sensíveis sem confirmação verbal ou processo secundário de aprovação.

Realize Treinamentos Regulares de Segurança: funcionários são a primeira linha de defesa. Ensine-os a reconhecer e-mails de phishing, links suspeitos e táticas fraudulentas urgentes.

Use Monitoramento de Domínios e Filtros de E-mail: bloqueie ou sinalize domínios parecidos e padrões incomuns de remetentes. Utilize SPF, DKIM e DMARC para proteger e-mails corporativos.

Faça Backup de Tudo: crie backups automáticos e seguros de sistemas críticos. Teste-os regularmente e mantenha cópias offline para proteção contra ransomware.

Tenha um Plano de Resposta: saiba quem contatar e o que fazer durante um ataque cibernético. Velocidade e clareza em momentos de crise podem significar a diferença entre contenção e catástrofe.

Os ataques cibernéticos mais perigosos nem sempre são os mais técnicos — são os mais convincentes. Fraudadores sabem imitar a realidade, usar autoridade e criar pressão emocional. Sua melhor defesa é conscientização, sistemas que incentivem dupla verificação e uma cultura que promova ceticismo inteligente.

No próximo capítulo, vamos revelar as ferramentas utilizadas pelos hackers – keyloggers, softwares de spoofing, redes Wi-Fi falsas e muito mais – mostrando como até programas simples podem causar violações devastadoras quando caem em mãos erradas.

A História "Sua Rede Foi Sequestrada"

O e-mail parecia legítimo. Vinha da assistente pessoal do CEO, incluía o logotipo oficial da empresa e fazia referência a um projeto em andamento que a equipe financeira discutia havia semanas. Não havia nada suspeito — pelo menos foi isso que Lisa Cheng pensou ao encaminhar a solicitação de transferência de 247 mil dólares para aprovação do supervisor.

Ela trabalhava na empresa havia seis anos, no setor de contas a pagar, e já havia processado dezenas de transferências semelhantes. O pedido continha toda a terminologia correta, seguia o protocolo interno e até possuía a assinatura digital do CEO.

Três dias depois, seu estômago afundou.

Seu chefe, o CFO, entrou em sua sala pálido e preocupado.

"Lisa", disse calmamente, "aquele pagamento ao fornecedor que você processou na segunda-feira — Derek nunca enviou aquilo."

O dinheiro havia desaparecido.

Conforme a investigação avançava, Lisa descobriu a verdade. Hackers haviam usado spoofing de e-mail para fingir ser a assistente do CEO. Eles estudaram comunicações internas, aprenderam cronogramas de projetos através do LinkedIn e comunicados públicos e sincronizaram o ataque perfeitamente. Não foi aleatório — foi direcionado, pesquisado e extremamente preciso.

A empresa nunca recuperou o dinheiro. O banco afirmou que a transferência havia sido autorizada. As autoridades tinham poucos rastros — a conta offshore desapareceu em menos de 24 horas. Lisa não foi demitida, mas nunca se recuperou completamente do choque. Ela havia feito tudo certo — exceto parar para verificar.

Enquanto isso, a cerca de 1.000 quilômetros dali, um ataque de ransomware se desenrolava em um distrito escolar de Ohio. O superintendente Daniel Grady chegou ao trabalho e encontrou dezenas de professores bloqueados de seus sistemas. Todos os arquivos — planos de aula, registros de alunos e dados de pagamento — estavam criptografados.

Na tela havia uma mensagem:

"Sua rede foi sequestrada. Pague 3,2 Bitcoin dentro de 72 horas ou seus arquivos serão destruídos."

A equipe de TI rastreou a invasão até um único laptop de funcionário. O culpado? Um e-mail de phishing disfarçado de inscrição para webinar de desenvolvimento profissional. Um professor havia baixado o anexo. Um clique infectou o distrito inteiro.

Daniel sabia que não possuíam backups limpos. Pagar era a única chance. O conselho escolar aprovou o resgate. Em menos de 48 horas, mais de 90 mil dólares em Bitcoin foram pagos – e todos aguardaram.

Os hackers entregaram a chave de descriptografia. Alguns arquivos voltaram. Outros foram perdidos para sempre. O distrito enfrentou críticas públicas, processos judiciais e meses de interrupção.

Em Los Angeles, outro tipo de golpe acontecia — não ransomware, não phishing, mas impersonação.

Tudo começou com uma ligação para uma assistente executiva de alto nível em uma empresa de biotecnologia. O homem dizia ser do escritório jurídico corporativo.

"Precisamos agir rapidamente em uma aquisição pendente", disse ele. "Seu CEO autorizou esta transferência bancária – tudo é urgente, mas discreto. As equipes jurídicas estão copiadas. Vou enviar os documentos para sua análise."

Minutos depois, a assistente recebeu o e-mail. PDFs com aparência jurídica. Cláusulas de confidencialidade. Links criptografados. O domínio do e-mail era quase idêntico ao do verdadeiro escritório de advocacia.

Ela encaminhou tudo ao CFO. Em menos de uma hora, 1,4 milhão de dólares havia sido transferido para o que todos acreditavam ser uma conta confiável. Não era. Quando o verdadeiro escritório respondeu confuso ao "obrigado" enviado posteriormente, os golpistas já haviam retirado o dinheiro e desaparecido.

O ataque utilizou uma técnica chamada deep spoofing, na qual criminosos imitam profissionais confiáveis copiando nomes reais, e-mails e fluxos de trabalho. Não era invasão técnica — era enganação aperfeiçoada.

Enquanto isso, em um tranquilo subúrbio da Flórida, James Monroe, de 68 anos, perdeu todas as economias da vida em um golpe envolvendo criptomoedas. Tudo começou nas redes sociais. Um suposto consultor financeiro o convidou para um grupo privado de investimentos. Mostraram painéis falsos, capturas de tela de lucros e depoimentos de pessoas "iguais a ele".

Tudo o que foi necessário foi uma transferência inicial de 10 mil dólares para uma suposta carteira digital. Depois outra. E mais outra. Em poucos meses, ele havia perdido mais de 150 mil dólares — toda sua aposentadoria. Quando tentou sacar o dinheiro, o sistema começou a exigir taxas adicionais de verificação, impostos de retirada e pagamentos para validação de identidade. Só então percebeu que tudo era falso.

James denunciou o golpe, mas a "empresa" estava sediada no exterior e era impossível de rastrear. Ele decidiu tornar pública sua história para alertar outras pessoas.

"Eles me fizeram sentir pertencente", disse ele. "Como se eu fosse ficar rico. Usaram minha esperança contra mim."

Em todas essas histórias — envolvendo empresas, escolas ou indivíduos — o padrão é claro. Hackers e golpistas não exploram apenas sistemas. Eles exploram crenças.

Eles dependem de funcionários presumindo que e-mails são reais. Dependem de pessoas confiando em ligações telefônicas. Dependem de pessoas ocupadas ou envergonhadas demais para fazer perguntas. Os golpes não funcionam porque as vítimas são burras — funcionam porque são humanas.

O que Lisa, Daniel, James e a assistente executiva da empresa de biotecnologia tinham em comum era um momento de confiança que custou caro. Mas cada história deixou uma lição:

Verifique duas vezes. Confirme de forma independente. Questione urgência. Não dependa apenas de sinais digitais. E acima de tudo — treine sua equipe para reconhecer manipulação antes que ela custe milhões.

Porque no mundo do cibercrime, um único momento de distração é suficiente para se tornar a próxima história.

Capítulo 6: As Ferramentas Que os Hackers Usam

Entender as ferramentas que os hackers usam é uma parte vital da conscientização em cibersegurança. Muitas pessoas acreditam que hackear significa escrever códigos extremamente complexos do zero ou possuir habilidades técnicas avançadas. Mas, na realidade, muitos dos ataques cibernéticos mais devastadores da atualidade são executados com ferramentas facilmente disponíveis — algumas até gratuitas — na internet.

Essas ferramentas são criadas e compartilhadas em fóruns, marketplaces e grupos de conversa criptografados, frequentemente embaladas em interfaces simples de usar. Isso significa que até hackers iniciantes, conhecidos como "script kiddies", conseguem executar ataques avançados com pouco esforço. Vamos explorar algumas das ferramentas mais comuns e poderosas usadas por hackers — e como elas funcionam.

1. Keyloggers

Keyloggers são programas ou dispositivos físicos que registram cada tecla digitada pelo usuário. Eles capturam senhas, números de cartão de crédito, mensagens e qualquer outro dado digitado. Alguns keyloggers também conseguem gravar capturas de tela e conteúdos copiados para a área de transferência.

Existem dois tipos:

Keyloggers de software, escondidos em malwares ou trojans

Keyloggers físicos, pequenos dispositivos USB conectados secretamente ao computador.

Depois de instalados, os keyloggers transmitem dados silenciosamente para o atacante, muitas vezes sem serem detectados por antivírus.

2. Trojans de Acesso Remoto (RATs)

RATs são um tipo de malware que dá aos invasores controle remoto total sobre um dispositivo infectado. Depois de instalado, um RAT pode:

Navegar pelos arquivos

Ativar webcam ou microfone

Registrar teclas digitadas

Capturar telas

Instalar ou remover softwares.

Hackers usam RATs para espionar, roubar dados ou preparar ataques maiores a partir do sistema comprometido. RATs frequentemente se disfarçam como arquivos legítimos — jogos, aplicativos ou PDFs — e são instalados via phishing ou downloads falsos.

3. Packet Sniffers

Um packet sniffer captura tráfego de rede em tempo real. Hackers usam essas ferramentas para interceptar dados como nomes de usuário, senhas e e-mails não criptografados enquanto trafegam pela rede. Em redes Wi-Fi públicas inseguras, sniffers conseguem coletar dados de todos os usuários conectados.

Ferramentas populares como Wireshark — utilizadas tanto por especialistas em segurança quanto por atacantes — permitem analisar pacotes de rede e reconstruir sessões de comunicação, como logins e navegação em sites.

4. Ferramentas de Spoofing

Ferramentas de spoofing permitem aos hackers fingirem ser fontes confiáveis. Elas são usadas para:

Falsificar endereços IP

Falsificar e-mails

Falsificar sites e páginas de login.

Com uma ferramenta de spoofing bem elaborada, atacantes conseguem manipular ambientes digitais e ganhar confiança de vítimas desavisadas.

5. Ferramentas de Quebra de Senhas

Ferramentas de cracking de senha utilizam diferentes técnicas para obter acesso não autorizado a contas. Algumas das mais comuns incluem:

Ataques de força bruta: tentam todas as combinações possíveis

Ataques de dicionário: utilizam listas de senhas conhecidas

Rainbow tables: usam hashes pré-calculados para quebrar senhas criptografadas rapidamente.

Ferramentas populares incluem John the Ripper, Hydra e Hashcat. Muitas são usadas eticamente por profissionais de segurança, mas também amplamente exploradas por criminosos.

6. Kits de Phishing

Kits de phishing são pacotes prontos que permitem criar sites falsos convincentes em minutos. Esses kits geralmente incluem:

Clones de páginas reais de login

Scripts para capturar credenciais

Ferramentas para ocultar URLs verdadeiras.

Vendidos na dark web ou compartilhados em grupos privados, esses kits permitem que usuários pouco experientes realizem ataques de phishing extremamente eficazes.

7. Redes Wi-Fi Falsas (Ataques Evil Twin)

Em um ataque Evil Twin, hackers criam uma rede Wi-Fi falsa que imita uma legítima – geralmente usando o mesmo nome de uma rede de café, aeroporto ou hotel.

Depois que os usuários se conectam, todo o tráfego passa pelo dispositivo do hacker, permitindo interceptar logins, monitorar atividades ou redirecionar vítimas para sites falsos. Ferramentas como Airbase-ng e WiFi Pumpkin são frequentemente usadas nesses ataques.

8. Kits de Exploração

Exploit kits são conjuntos de ferramentas criados para localizar e explorar vulnerabilidades em sistemas. Quando uma vítima visita um site comprometido, o kit analisa navegador, plugins e sistema operacional em busca de falhas, como versões antigas de Java ou Flash. Se encontrar vulnerabilidades, instala malware automaticamente.

Esses kits são vendidos em mercados de cibercrime, muitas vezes acompanhados de suporte técnico e tutoriais, tornando-se armas populares até para hackers iniciantes.

9. Botnets

Botnets são redes de dispositivos infectados — computadores, servidores ou até dispositivos domésticos inteligentes — controlados por um hacker. Essas máquinas "zumbis" são usadas para:

Lançar ataques DDoS

Enviar spam ou phishing

Roubar dados em massa

Distribuir ransomware.

Algumas das maiores botnets do mundo possuem milhões de dispositivos infectados, muitos pertencentes a pessoas que nem sabem que foram comprometidas.

10. Marketplaces da Dark Web

Embora não sejam ferramentas em si, mercados da dark web facilitam o comércio de ferramentas de hacking, credenciais roubadas e serviços criminosos. Hackers podem comprar:

Listas de senhas vazadas

Kits de ransomware como serviço (RaaS)

Acesso a contas comprometidas

Documentos falsificados.

Essas plataformas funcionam como um "eBay para criminosos", com avaliações de vendedores, suporte ao cliente e pagamentos em criptomoedas.

Como Se Proteger Contra Ferramentas de Hackers

Você não precisa entender cada linha de código, mas precisa reconhecer como essas ferramentas são usadas — e como se defender delas:

Mantenha softwares e sistemas sempre atualizados

Use soluções de proteção com análise comportamental

Evite Wi-Fi público sem VPN

Eduque funcionários sobre phishing, spoofing e comportamento suspeito

Use senhas fortes e exclusivas com gerenciadores de senha e autenticação multifator.

Os hackers dependem cada vez mais de automação, conveniência e ferramentas roubadas para escalar ataques. Não se trata mais de ser alvo pessoalmente — trata-se de estar vulnerável.

No próximo capítulo, vamos sair das ferramentas e entrar nas táticas de defesa – especificamente, hábitos práticos do dia a dia que tornam você mais difícil de hackear e menos propenso a cair em golpes ou engenharia social.

A História do Trojan de Acesso Remoto de Megan

O escritório parecia comum: filas de mesas, monitores brilhando e o som constante de conversas. Mas uma estação de trabalho, no canto de uma empresa de marketing em Chicago, tornou-se involuntariamente o ponto de partida de um ataque cibernético. E tudo começou com um anexo chamado ClientProposal2024.pdf.exe.

Megan, designer júnior da empresa, recebeu o arquivo de alguém que parecia ser um potencial cliente. A mensagem era educada, bem escrita e mencionava uma campanha recente da empresa nas redes sociais.

"Adoramos seu último projeto", dizia a mensagem. "Gostaríamos de uma proposta semelhante. Por favor, revise o briefing criativo em anexo."

Ela clicou. Nada abriu.

Megan pensou que fosse apenas um erro e voltou ao trabalho.

O que ela não sabia era que o arquivo havia instalado um Trojan de Acesso Remoto (RAT) — um backdoor oculto que deu a um hacker chamado Ludo, sentado em um apartamento compartilhado na Romênia, acesso completo ao computador dela. Através do RAT, ele podia ver sua tela, navegar pelos arquivos, instalar programas e até ativar a webcam.

Ludo não estava interessado nos designs de Megan. Ele queria credenciais — e o computador dela tinha muitas. Logins salvos do Slack, armazenamento em nuvem e sistema interno de gerenciamento de projetos. Silenciosamente, ele exfiltrou tudo ao longo de uma hora. Depois começou a mover-se lateralmente pela rede da empresa.

No dia seguinte, Ludo já possuía acesso a múltiplos computadores de funcionários. Seu kit incluía um keylogger, registrando silenciosamente todas as teclas digitadas, capturando senhas administrativas e dados pessoais. Então utilizou um e-mail interno falsificado fingindo ser o CEO:

"Por favor, processe hoje o pagamento do fornecedor. Aqui está a fatura atualizada. Avise quando concluir."

A fatura havia sido criada com outro recurso roubado — um kit de phishing completo com logotipo real da empresa, layout e tom de comunicação idênticos. O endereço de e-mail parecia legítimo, exceto por um único caractere trocado.

Quando a controladora financeira clicou no link para "confirmar pagamento", foi direcionada para o que parecia ser o portal interno da empresa. Ela fez login. Suas credenciais foram capturadas em tempo real.

Ludo agora possuía acesso total ao sistema financeiro da companhia.

Enquanto isso, em uma conferência em San Francisco, um estudante de cibersegurança chamado Troy demonstrava um ataque Evil Twin. Ele criou um hotspot falso chamado "Conf2024-FreeWiFi" usando apenas um laptop e um roteador portátil. Dezenas de participantes se conectaram sem pensar —

verificando e-mails, acessando aplicativos bancários e chamando transporte.

Troy não queria roubar nada. Seu objetivo era demonstrar como as pessoas confiam em nomes familiares, especialmente sob pressão ou em locais públicos. Utilizando um packet sniffer chamado Wireshark, mostrou como nomes de usuário e senhas podiam ser interceptados facilmente em conexões não criptografadas. Ele encerrou a palestra com um aviso:

"Se você não sussurraria a senha do seu banco em um aeroporto lotado, não a digite em seu celular usando Wi-Fi público."

De volta a Chicago, o administrador de TI finalmente percebeu atividades estranhas: um IP desconhecido acessando os sistemas da empresa a partir da Europa. Senhas estavam sendo alteradas. Arquivos apagados. Eles literalmente desligaram os sistemas e iniciaram análise forense.

A invasão durou quatro dias. Começou com um único clique. O custo total de recuperação, auditorias e restauração da confiança dos clientes ultrapassou 380 mil dólares.

Megan ficou devastada.

"Eu pensei que fosse apenas um arquivo", disse ela. "Nem sequer abriu. Não fazia ideia de que alguém poderia assumir controle do meu computador assim."

Ela não estava sozinha.

Ao redor do mundo, hackers utilizavam ferramentas de quebra de senha para invadir contas com credenciais fracas. Uma pequena empresa imobiliária em Nevada tinha 12 funcionários usando "Welcome123" como senha corporativa – facilmente quebrada em minutos usando ataques de dicionário com ferramentas como John the Ripper.

Em outro caso, um grupo de criminosos comprou acesso a uma botnet formada por dispositivos domésticos inteligentes infectados – termostatos, câmeras e até monitores de bebê – para lançar um enorme ataque DDoS que derrubou uma empresa de hospedagem inteira por seis horas.

E nos marketplaces da dark web, criminosos ofereciam tudo: pacotes de spyware, kits de ransomware pré-configurados e até "suporte técnico" 24 horas. Era hacking como serviço. E os negócios estavam prosperando.

Mas, em meio ao caos, a conscientização começou a crescer.

Após o incidente em Chicago, a empresa de Megan implementou políticas rígidas de download de software. Implantaram filtros de e-mail que bloqueavam arquivos executáveis, proibiram ferramentas em nuvem não autorizadas e exigiram treinamentos trimestrais para funcionários. VPNs tornaram-se obrigatórias para trabalho remoto. Todas as contas passaram a exigir autenticação multifator. O custo dessa lição foi alto — mas não pretendiam pagá-lo duas vezes.

As ferramentas que hackers usam são poderosas — mas dependem de algo ainda mais importante: sua permissão, seu clique, sua suposição de que tudo é seguro.

Mas quando você entende o que eles usam e como usam, essa ilusão desaparece. Você começa a enxergar as ameaças chegando. Passa a hesitar antes de clicar. Questiona o familiar. Torna-se o tipo de usuário que não depende apenas de software para permanecer seguro — você próprio se torna seu firewall.

Capítulo 7: Como Se Proteger Contra Ataques Comuns

Agora que você viu como os hackers pensam, as ferramentas que usam e os danos que podem causar, é hora de focar na defesa. A verdade é que a maioria dos ataques cibernéticos pode ser evitada – não através de softwares complexos ou equipamentos caros, mas por meio de hábitos consistentes e camadas simples de proteção que reduzem drasticamente sua vulnerabilidade.

Cibersegurança não é apenas para profissionais de TI. Se você possui um smartphone, usa um laptop, tem um endereço de e-mail ou administra redes sociais – você é um alvo em potencial. Mas com o conhecimento e comportamento corretos, você pode se tornar um alvo difícil. Vamos entender como.

1. Use Senhas Fortes e Exclusivas

A maioria das invasões bem-sucedidas ainda começa com senhas comprometidas ou reutilizadas. Muitas pessoas usam as mesmas credenciais em várias plataformas. Se apenas uma dessas plataformas sofrer um vazamento, hackers podem testar a combinação de e-mail e senha em centenas de outros sites.

Boas práticas:

Use frases longas com mais de 12 caracteres, fáceis de lembrar, mas difíceis de adivinhar. Exemplo: PorDoSolSaoLindos!2025

Evite frases comuns, nomes ou substituições previsíveis

Nunca reutilize senhas em contas diferentes

Use gerenciadores de senha como 1Password, Bitwarden ou Dashlane para criar e armazenar logins exclusivos com segurança.

2. Ative Autenticação Multifator (MFA)

MFA adiciona uma camada extra de proteção exigindo algo que você sabe (senha) e algo que você possui (como um aplicativo autenticador ou código SMS). Mesmo que um hacker descubra sua senha, ainda precisará do segundo fator para acessar sua conta.

Use MFA em:

E-mail

Aplicativos bancários

Armazenamento em nuvem

Redes sociais

Plataformas de trabalho como Microsoft 365 ou Slack.

Aplicativos como Authy, Google Authenticator ou Duo são mais seguros do que SMS, que pode ser interceptado.

3. Reconheça Tentativas de Phishing e Engenharia Social

Hackers raramente “arrombam” sistemas — frequentemente são convidados a entrar. Phishing, páginas falsas de login, e-mails urgentes ou ligações fingindo ser suporte técnico são métodos comuns para obter acesso.

Sempre pergunte a si mesmo:

Conheço este remetente?

Estou sendo pressionado a agir rapidamente?

Este link leva para um site legítimo?

O domínio está escrito corretamente?

Nunca:

Clique em links suspeitos

Abra anexos desconhecidos

Forneça senhas por e-mail

Retorne ligações desconhecidas sem verificar.

Quando estiver em dúvida, entre em contato diretamente com a empresa ou pessoa por canais oficiais.

4. Mantenha Softwares e Dispositivos Atualizados

Softwares desatualizados são um playground para hackers. Eles exploram vulnerabilidades em versões antigas de aplicativos, sistemas operacionais e plugins.

Dicas:

Ative atualizações automáticas

Atualize regularmente aplicativos bancários, de mensagens e e-mail

Remova aplicativos e extensões não utilizados

Substitua dispositivos sem suporte.

Patches de segurança são lançados por um motivo. Não adie atualizações.

5. Faça Backup dos Seus Dados Regularmente

Backups são sua linha de vida caso ransomware ataque ou dispositivos falhem.

Como fazer backup com segurança:

Use serviços em nuvem criptografados

Tenha um backup local em HD externo offline

Automatize backups diários ou semanais

Teste os backups regularmente.

Se seus arquivos forem criptografados e você tiver backup limpo, não precisará pagar resgate.

6. Use Ferramentas Antivírus e Antimalware

Essas ferramentas ajudam a detectar, colocar em quarentena e remover ameaças conhecidas.

Procure soluções com:

Escaneamento em tempo real

Filtragem web

Proteção de e-mail

Detecção comportamental.

Algumas opções confiáveis incluem Bitdefender, Norton, ESET, Kaspersky e Malwarebytes.

7. Tenha Cuidado com Redes Wi-Fi

Wi-Fi público é o sonho de hackers. Redes abertas em aeroportos, cafés e hotéis podem ser monitoradas ou falsificadas facilmente.

Práticas seguras:

Use VPN ao conectar-se a Wi-Fi público

Evite acessar contas sensíveis em redes públicas

Desative conexão automática

Prefira usar hotspot do celular.

VPNs criptografam seus dados, protegendo-os contra espionagem.

8. Eduque a Si Mesmo e Outras Pessoas

Cibersegurança é contínua. Hackers evoluem constantemente, então sua conscientização também precisa evoluir.

Sugestões:

Acompanhe notícias de cibersegurança

Faça cursos online periodicamente

Ensine amigos, familiares e funcionários

Realize testes simulados de phishing.

Quanto mais você souber, melhor responderá quando algo parecer errado.

9. Observe Sinais de Violação

Às vezes, pequenos sinais revelam invasões em andamento.

Sinais de alerta:

Lentidão inexplicável

Pop-ups estranhos

Atividade incomum em contas

Antivírus desativando sozinho

Novos aplicativos aparecendo sem sua ação.

Se notar esses sinais:

Desconecte-se da internet

Execute um antivírus completo

Troque senhas usando dispositivo limpo

Avise equipe de TI ou suporte técnico.

10. Proteja Seus Dispositivos Fisicamente

Cibersegurança não é apenas digital — começa pelo controle físico.

Medidas importantes:

Use senha ou biometria

Ative bloqueio automático

Nunca deixe dispositivos desacompanhados

Use recursos de localização e limpeza remota.

Um celular ou laptop roubado sem criptografia é uma porta aberta.

No fim das contas, defesa cibernética é sobre criar hábitos, não apenas instalar ferramentas. Ninguém é imune, mas todos podem se tornar mais resilientes. Se aplicar metade das práticas deste capítulo, já estará mais protegido do que a maioria das pessoas online.

No próximo capítulo, discutiremos exatamente o que fazer caso você seja hackeado — como responder, recuperar-se e evitar danos adicionais quando algo der errado.

A História de Jillian

Jillian estava exausta.

Ela havia acabado de terminar um dia de 12 horas administrando sua boutique online e estava prestes a desligar o laptop quando viu o e-mail:

"Amazon Security: atividade suspeita detectada em sua conta. Ação imediata necessária."

Ela clicou sem pensar. A página parecia exatamente o portal de login da Amazon. Seu coração acelerou — ela não podia correr o risco de perder acesso à loja ou aos pagamentos.

Ela digitou suas credenciais. A página atualizou... e redirecionou para o verdadeiro site da Amazon.

No começo, pensou que fosse apenas um erro. Mas uma hora depois, Gmail, PayPal e Instagram estavam bloqueados. Seu celular começou a receber códigos de verificação não solicitados. E o painel da loja online, onde processava pedidos, mostrava saldo zerado.

Jillian havia acabado de cair em phishing. E o efeito dominó estava começando.

Mas sua história não terminou ali.

Três meses antes, seu amigo Marcus havia alertado sobre ameaças digitais. Ele era consultor de TI freelancer e praticamente implorou para ela melhorar sua "higiene digital". Até entregou uma lista:

Configure um gerenciador de senhas

Ative autenticação em dois fatores

Faça backup da loja

Mantenha softwares atualizados

Nunca reutilize senhas

Não clique em links suspeitos.

Jillian pretendia fazer isso. Mas os negócios estavam crescendo, e ela nunca encontrava tempo. Até aquele momento.

Seu coração disparou enquanto tentava recuperar as contas. Felizmente, o hacker havia cometido erros. Marcus, que ela ligou desesperadamente, guiou-a passo a passo. Juntos, desconectaram o laptop do Wi-Fi, executaram escaneamento antimalware e confirmaram que os backups – embora antigos – ainda estavam intactos.

Até meia-noite, ela recuperava acesso às contas principais. Foi caótico, mas controlável.

Aquela noite mudou tudo.

No fim de semana seguinte, instalou um gerenciador de senhas e protegeu cada login com senhas únicas de 16 caracteres. Ativou MFA na loja, e-mail e banco. Excluiu dezenas de aplicativos não utilizados e parou de conectar automaticamente a redes públicas. Também assinou um serviço VPN e passou a usá-lo sempre que acessava dados de clientes ou processava pagamentos.

E fez seus funcionários fazerem o mesmo.

Marcus conduziu simulações de phishing para a equipe – mostrando como golpes podem parecer extremamente reais. Instalou extensões de navegador para bloquear rastreadores maliciosos e ensinou-os a passar o mouse sobre links antes de clicar, identificar domínios falsos e desconfiar de mensagens urgentes.

Um mês depois, uma assistente de Jillian recebeu um e-mail aparentemente vindo da Shopify, pedindo "confirmação de propriedade". Tinha logotipo, nome completo e URL correta da loja. Mas algo parecia errado. O domínio do remetente era "shop1fy.biz". Em vez de clicar, ela entrou em contato diretamente com Jillian.

"Você nos salvou", disse Jillian, lembrando o quão perto estivera de perder tudo.

Em Atlanta, um veterano aposentado chamado Harold evitou um ataque de ransomware simplesmente mantendo o sistema atualizado. Um vizinho enviou um "calculador de restituição de imposto" malicioso. Mas o Windows de Harold bloqueou a instalação. Ele havia atualizado o sistema na noite anterior, corrigindo exatamente a vulnerabilidade explorada pelo malware.

"Nem fiz nada especial", disse depois para a sobrinha. "Só segui os lembretes de atualização."

Esse é o poder da prevenção.

E em um café em Miami, o designer gráfico Tyrese usava VPN em Wi-Fi público sem pensar duas vezes. Seus amigos zombavam dele por ser "paranoico". Mas quando um deles teve a conta Dropbox apagada após acessar o mesmo café,

Tyrese não disse "eu avisei". Apenas ajudou o amigo a instalar as mesmas proteções.

O objetivo não era paranoia. Era preparação.

A história de Jillian tornou-se sua missão. Ela adicionou uma checklist de "Segurança Digital" ao treinamento de funcionários. Criou rotina mensal de backups. E começou a educar clientes sobre segurança online.

O que Jillian percebeu — e o que todos os personagens deste capítulo aprenderam — é que proteção raramente é algo dramático. Não se trata de firewalls ou hackers de moletom. Trata-se de hábitos:

Parar antes de clicar

Verificar solicitações

Usar senhas longas e exclusivas

Dizer "não" à urgência

Atualizar sistemas imediatamente

Tratar sua vida digital tão seriamente quanto sua segurança física.

Porque em um mundo conectado, seus dados são sua identidade. E sua identidade vale a pena ser protegida.

Capítulo 8: O Que Fazer Se Você Foi Hackeado

Apesar dos seus melhores esforços, ainda pode acontecer. Você é hackeado. Sua tela exibe erros. Suas contas são bloqueadas repentinamente. Você percebe cobranças estranhas, e-mails incomuns ou alertas informando que alguém acessou sua conta de outro país. Seu coração acelera e o pânico começa: e agora?

Este capítulo é exatamente sobre isso — como responder de forma calma, estratégica e eficaz quando ocorre uma invasão. Seja em uma conta pessoal, sistema empresarial ou dispositivo, agir rapidamente pode fazer toda a diferença para conter os danos.

Passo 1: Reconheça os Sinais de Que Foi Hackeado

O primeiro desafio é perceber que você foi invadido. Alguns sinais são óbvios — mensagens de ransomware, bloqueios de conta ou travamentos do sistema. Outros são sutis e fáceis de ignorar.

Sinais comuns incluem:

Notificações de login de locais desconhecidos

Senhas deixando de funcionar

Cobranças que você não realizou

Amigos relatando mensagens de spam enviadas por você

Redirecionamentos estranhos no navegador

Arquivos desaparecendo ou sendo criptografados

Antivírus ou firewall desativando sozinho.

Se notar qualquer um desses sinais, é hora de agir imediatamente.

Passo 2: Desconecte-se da Internet

Assim que suspeitar de um ataque, desconecte o dispositivo afetado do Wi-Fi ou cabo de rede. Isso pode impedir que o malware se espalhe, bloquear roubo de dados e interromper o controle remoto do hacker sobre o dispositivo.

Se estiver em uma rede doméstica ou empresarial compartilhada, desconecte também outros dispositivos conectados.

Passo 3: Identifique o Que Foi Comprometido

Faça um levantamento dos sistemas e contas afetados.

Pergunte a si mesmo:

Foi apenas uma conta ou várias?

Foi apenas um dispositivo ou toda a rede?

Dados sensíveis foram acessados?

Anote uma linha do tempo detalhando quando percebeu o problema, o que estava fazendo e quais dispositivos ou serviços estavam envolvidos.

Passo 4: Troque as Senhas — Usando um Dispositivo Seguro

Não altere senhas em um dispositivo potencialmente infectado. Use outro aparelho limpo, como um tablet ou celular seguro.

Comece pelo e-mail principal, já que ele normalmente é a chave de recuperação das demais contas.

Depois altere:

Contas bancárias

Plataformas de trabalho

Armazenamento em nuvem

Redes sociais

Sites de compras online.

Use senhas fortes e exclusivas e ative autenticação multifator sempre que possível.

Passo 5: Escaneie e Limpe Seus Dispositivos

Execute uma varredura completa usando antivírus ou antimalware confiável. Se ameaças forem encontradas, siga as instruções para colocá-las em quarentena ou removê-las.

Em casos graves, pode ser necessário:

Reinstalar o sistema operacional

Formatar completamente o disco

Buscar ajuda profissional para recuperação de dados ou análise forense.

Após a limpeza, reinstale imediatamente atualizações e patches de segurança.

Passo 6: Verifique Perda ou Roubo de Dados

Determine se arquivos sensíveis, dados de clientes ou informações financeiras foram roubados. Revise logs, horários de modificação de arquivos e compare backups para identificar acessos não autorizados.

Se dados de clientes ou pagamentos forem comprometidos, talvez seja legalmente necessário:

Notificar as pessoas afetadas

Reportar a violação às autoridades competentes

Seguir normas regulatórias específicas.

Documente tudo: horários, sistemas afetados, natureza da invasão e medidas adotadas.

Passo 7: Reporte o Incidente

Dependendo do caso, você pode precisar informar:

Seu banco ou operadora de cartão

Seu empregador ou equipe de TI

Especialistas em cibersegurança

Autoridades policiais ou agências de crimes cibernéticos.

Empresas devem possuir um plano claro de resposta a incidentes antes que ataques aconteçam.

Passo 8: Revise e Monitore

Não presuma que tudo terminou após trocar senhas. Hackers podem ter:

Instalado backdoors

Roubado credenciais ainda não alteradas

Obtido acesso a backups ou sistemas conectados.

Reserve tempo para:

Revisar logs de atividade

Monitorar contas financeiras diariamente

Ativar alertas de login e atividade suspeita

Considerar congelamento de crédito caso dados pessoais tenham vazado.

Passo 9: Reconstrua Com Segurança Melhor

Agora é a hora de fortalecer suas defesas.

Após a invasão:

Instale um gerenciador de senhas

Ative MFA em todas as contas possíveis

Crie backups seguros e offline

Eduque outras pessoas sobre o ocorrido

Documente o incidente para melhorar futuras respostas.

Trate um ataque como um incêndio: reconstrua de forma mais segura e preparada.

Lembrete Final: Não Entre em Pânico — Aja com Inteligência

Muitas vítimas pioram a situação agindo impulsivamente — apagando evidências, ignorando o problema ou até tentando negociar diretamente com hackers.

Mantenha a calma. Aja com propósito. Documente tudo. E peça ajuda quando necessário.

Mais importante: não sinta vergonha. Ser hackeado não significa que você foi descuidado — significa apenas que você é humano. Mas aprender com a invasão garante que ela não aconteça da mesma forma novamente.

No próximo capítulo, construiremos um plano pessoal de cibersegurança — uma checklist prática e rotina diária para proteger sua identidade, dados, dispositivos e finanças.

Agora, vamos conhecer a história do Instagram de Chloe.

Tudo começou com uma notificação do Instagram.

Chloe Hernandez, artista freelancer com mais de 40 mil seguidores, havia acabado de publicar uma nova coleção de aquarelas quando recebeu um alerta:

"Sua conta foi acessada por um novo dispositivo em Moscou."

Seu coração afundou.

Ela abriu o aplicativo rapidamente — mas já era tarde demais. Sua foto de perfil havia desaparecido. A biografia agora continha um link para carteira de criptomoedas. Seu conteúdo tinha sido apagado. Seu e-mail já não funcionava para login. E quando tentou redefinir a senha, o sistema informou:

"Este e-mail não está associado a nenhuma conta ativa."

Ela havia sido hackeada.

No começo, Chloe entrou em pânico. Todo o seu negócio funcionava através do Instagram — mensagens, encomendas, portfólio. Ela nunca havia ativado autenticação em dois fatores. Reutilizava a mesma senha em várias plataformas. E não possuía backup recente das artes.

Em dez minutos, passou de dona do negócio para espectadora bloqueada.

Mas ela não ficou paralisada por muito tempo.

Ligou para o amigo Nick, um redator experiente em tecnologia que já havia sofrido ataque semelhante. Ele atendeu imediatamente.

"Respira", disse ele. "Vamos resolver isso juntos."

A primeira ação foi isolar a ameaça. Nick pediu que desconectasse laptop e celular do Wi-Fi.

Depois pegaram o tablet dela — um dispositivo limpo que não usava há semanas. A partir dele, Chloe redefiniu todas as senhas possíveis: e-mail, Etsy, banco, Google Drive. Tudo conectado à sua identidade digital. Utilizou novas senhas únicas criadas por um gerenciador de senhas instalado por Nick.

Em seguida, executaram um escaneamento antimalware no laptop. O antivírus encontrou uma extensão suspeita de navegador — uma "calculadora gratuita de frete" instalada na semana anterior. Na verdade, era spyware registrando credenciais e enviando-as para um servidor externo.

Eles removeram imediatamente.

Chloe enviou relatório de conta roubada para a equipe de segurança do Instagram. Enquanto aguardava resposta, Nick ajudou-a a congelar crédito junto às agências financeiras, caso dados pessoais tivessem sido comprometidos.

Chloe estava sobrecarregada — mas seguiu cada passo.

Três dias depois, o Instagram confirmou sua identidade e restaurou a conta. Ela chorou. Depois reconstruiu tudo.

Dessa vez, ativou autenticação multifator. Instalou antivírus real. Fez backup das artes em nuvem e HD externo. Criou senhas exclusivas para cada plataforma. E documentou cada etapa da recuperação.

Transformou toda a experiência em um post viral na comunidade artística:

"Fui Hackeada — Aqui Está Exatamente o Que Fiz Para Recuperar."

Artistas, empresários, estudantes e pais começaram a compartilhar histórias semelhantes.

"Você não está sozinho", Chloe respondia. "É assustador, mas você pode recuperar o controle."

Enquanto isso, em outra parte do país, o dono de academia Andre enfrentava um tipo diferente de invasão. Um funcionário reutilizou senha fraca no sistema de gerenciamento da academia. Certa manhã, tudo estava fora do ar. Arquivos corrompidos. E uma mensagem apareceu:

"Seus dados foram criptografados. Pague 2 BTC em até 72 horas."

Andre entrou em pânico e ligou para o suporte de TI.

Mas dessa vez ele tinha algo raro: backups.

O técnico apagou o sistema infectado e restaurou registros limpos feitos apenas 48 horas antes. A academia voltou a funcionar no mesmo dia. Andre nunca pagou o resgate.

Depois disso, implementou novas políticas:

Treinamento obrigatório de cibersegurança

Gerenciamento seguro de senhas

Backups diários offline.

Ele emoldurou a nota de ransomware e a pendurou na parede do escritório.

"É por isso que permanecemos vigilantes", dizia aos novos funcionários.

As experiências de Chloe e Andre foram diferentes — mas ensinaram a mesma lição: uma invasão não precisa ser o fim.

Quando acontece — e para muitos acontecerá — o que importa é o que você faz depois.

Você pode entrar em pânico... ou agir.

Pode ignorar... ou reconstruir melhor.

Pode se culpar... ou tornar-se exemplo para outras pessoas.

Porque toda vítima que se recupera, fortalece sua segurança e compartilha sua história torna mais difícil para hackers vencerem da próxima vez.

Capítulo 9: Criando um Plano Pessoal de Segurança

Em um mundo digital onde nossas vidas, finanças, empresas e identidades estão profundamente conectadas à internet, a cibersegurança não pode mais ser reativa — ela precisa ser proativa e fazer parte da rotina. Você não pode depender apenas de aplicativos ou da sua intuição para "perceber algo suspeito". Em vez disso, precisa de um sistema — um plano pessoal de cibersegurança claro, repetível e incorporado à sua rotina semanal.

Pense nisso como sua higiene digital. Assim como você escova os dentes e tranca as portas, proteger sua vida online deve se tornar algo natural. Este capítulo irá guiá-lo passo a passo na construção de um sistema pessoal de cibersegurança simples, mas poderoso, independentemente do seu nível de conhecimento tecnológico.

Passo 1: Faça uma Auditoria de Segurança da Sua Vida Digital

Comece identificando todas as contas, aplicativos e dispositivos que você usa regularmente. Isso inclui:

Contas de e-mail pessoais e profissionais

Redes sociais

Aplicativos bancários e de pagamento

Armazenamento em nuvem

Marketplaces online

Aplicativos móveis com dados pessoais

Ferramentas de trabalho

Dispositivos como smartphone, laptop, tablet e roteador.

Liste tudo. Você não pode proteger aquilo que não identificou. Esse inventário será a base do seu plano de segurança.

Passo 2: Organize e Fortaleça Suas Senhas

Use um gerenciador de senhas como Bitwarden, 1Password ou Dashlane para armazenar e gerar senhas complexas e exclusivas para cada conta.

Substitua imediatamente senhas fracas ou reutilizadas.

Crie um sistema de revisão a cada 3–6 meses para atualizar credenciais de contas sensíveis.

Evite armazenar senhas no navegador ou em papéis.

Use frases longas e memoráveis quando precisar lembrar manualmente.

Lembre-se: a senha do seu e-mail é a mais importante de todas — ela é a chave para redefinir as demais.

Passo 3: Ative Autenticação Multifator em Tudo

Se um serviço oferece MFA, ative. Priorize:

E-mail

Aplicativos bancários

Armazenamento em nuvem

Redes sociais

Logins de trabalho

Plataformas de compras online.

Sempre que possível, use aplicativos autenticadores em vez de SMS.

Passo 4: Configure Backups Regulares

Crie uma rotina de backup para arquivos importantes, fotos, documentos e configurações dos dispositivos.

Estrutura recomendada:

Backups diários ou semanais para trabalhos críticos

Backup local em HD externo criptografado

Backup em nuvem usando serviços seguros

Teste seus backups periodicamente para garantir que funcionem.

Mantenha pelo menos uma cópia offline para proteção contra ransomware.

Passo 5: Estabeleça uma Rotina Semanal de Segurança

Reserve entre 15 e 30 minutos por semana para sua "hora da segurança".

Essa rotina deve incluir:

Revisão de logins recentes

Verificação de e-mails suspeitos

Atualização de antivírus e antimalware

Escaneamento rápido do sistema

Remoção de aplicativos não utilizados

Confirmação de atualizações de segurança.

Consistência é mais importante do que complexidade.

Passo 6: Proteja Seus Dispositivos e Rede Doméstica

Ative bloqueio automático nos dispositivos

Use PINs, biometria ou senhas fortes

Desative Bluetooth e localização quando não estiver usando

Criptografe seus dispositivos

Renomeie sua rede Wi-Fi para evitar expor seu nome ou marca do roteador

Use senha forte no Wi-Fi e troque-a regularmente

Desative acesso remoto e WPS no roteador

Atualize dispositivos inteligentes frequentemente.

Passo 7: Crie Seu Plano Pessoal de Resposta a Incidentes

Se algo der errado, tenha um plano pronto.

Inclua:

Como desconectar e isolar dispositivos

Como acessar gerenciador de senhas usando dispositivo reserva

Contatos do banco e serviços de recuperação

Instruções para restaurar dispositivos

Lista de contas prioritárias para redefinir.

Armazene esse plano digitalmente e também impresso.

Passo 8: Eduque a Si Mesmo e as Pessoas Próximas

Conhecimento multiplica proteção. Compartilhe o que aprender com:

Familiares

Funcionários

Clientes

Amigos.

Explore:

Cursos gratuitos de cibersegurança

Blogs especializados

Workshops e webinars sobre segurança digital.

Quando as pessoas ao seu redor estão mais seguras, você também está.

Considerações Finais

Seu plano pessoal de cibersegurança deve parecer uma parte normal da sua vida — não um peso. Não exige perfeição, apenas intenção. Você não precisa ser mais inteligente que todos os hackers do mundo. Apenas precisa se tornar um alvo mais difícil do que a média.

Construa o hábito. Crie a rotina. Monte sua checklist. Compartilhe conhecimento.

No capítulo final, discutiremos como permanecer um passo à frente em um mundo em constante evolução — e como transformar cibersegurança de reação em mentalidade permanente.

O Plano Pessoal de Cibersegurança de Ethan

Ethan gostava de se considerar alguém experiente em tecnologia. Criava sites para clientes, mantinha o iPhone atualizado e até ajudava os pais a configurar o roteador da internet. Mas depois de perder acesso à conta bancária e ver mais de 3 mil dólares desaparecerem em transações não autorizadas, percebeu algo importante: entender de tecnologia não significa estar seguro digitalmente.

Tudo começou com uma senha reutilizada. Ethan usava o mesmo login simples — o nome do time favorito e ano de nascimento — para PayPal, Gmail, Dropbox e banco. Quando uma pequena loja online sofreu vazamento de dados, suas credenciais foram expostas publicamente. Um criminoso cibernético testou automaticamente aquelas credenciais em centenas de sites, e as contas de Ethan começaram a cair como peças de dominó.

Ele só percebeu quando já era tarde.

Após recuperar o dinheiro e passar semanas restaurando e-mails e verificando identidade, sentou-se em uma manhã de sábado e fez algo que poucas pessoas fazem: criou um plano pessoal de cibersegurança.

Começou listando todas as contas online de que conseguia lembrar — dezenas delas. Depois baixou Bitwarden e criou senhas aleatórias e exclusivas para cada conta, sincronizando tudo com segurança entre os dispositivos.

Em seguida, ativou autenticação em dois fatores em tudo que permitia. Até redes sociais e streaming. Percebeu que uma única invasão no e-mail poderia desbloquear quase toda sua vida digital. Então transformou o e-mail em seu ativo mais protegido — com MFA, monitoramento de logins e troca periódica de senha.

Mas ele não parou aí.

Comprou um HD externo de 1TB e criou backups de projetos de clientes, documentos financeiros e fotos. Armazenou uma versão offline e outra criptografada na nuvem. Depois desativou conexão automática com Wi-Fi público.

Seu laptop, antes cheio de extensões de navegador, foi completamente limpo. Removeu aplicativos desnecessários, revisou permissões e ajustou configurações que nunca havia analisado.

Mas o que mais surpreendeu Ethan foi como o processo se tornou simples depois que virou rotina.

Ele reservava 30 minutos todo domingo para um "Check de Segurança". Enquanto tomava café, revisava atividades das contas, atualizava senhas e escaneava o sistema. Uma vez por mês, verificava backups e atualizações. E trimestralmente simulava uma invasão para testar recuperação de arquivos e acesso ao gerenciador de senhas.

Não era paranoia. Era preparação.

A história de Ethan chamou atenção dos clientes. Quando uma fotógrafa chamada Sara perdeu toda sua galeria online para ransomware, Ethan ajudou-a a recuperar. Ela não possuía backups. A perda foi devastadora.

"Nunca mais isso vai acontecer", disse ela chorando.

Então Ethan ajudou-a a criar seu próprio plano de segurança. Depois outro cliente. E outro. Em pouco tempo, estava ensinando workshops mensais de "Autodefesa Digital para Criativos". Seu plano virou um movimento.

Em outro lugar, um casal aposentado chamado Helen e Frank imprimiu a checklist de segurança e a colou dentro de um armário da cozinha. Todo mês faziam juntos uma espécie de caça ao tesouro digital — trocando senhas, escaneando dispositivos e atualizando o roteador. Tornou-se parte da rotina deles.

E em um colégio local, uma adolescente chamada Jaya criou um "Clube de Higiene Digital". Ela e os amigos montaram kits pessoais de segurança para estudantes: guias de gerenciadores de senha, checklists de recuperação, dicas de backup e navegação segura. Não eram especialistas. Mas estavam preparados.

O ponto em comum em todas essas histórias? Nenhuma dessas pessoas era profissional de cibersegurança. Eram artistas, aposentados, freelancers e estudantes. O que compartilhavam era o compromisso de construir sistemas simples antes de precisarem deles.

Porque não importa quem você é ou o que faz — o mundo digital é sua segunda casa. E você deve tratá-lo como trata a primeira: trancado, monitorado, organizado e protegido por backups.

Ethan dorme melhor hoje. Não porque seja invencível, mas porque está preparado. E sabe que, se algo acontecer, não será mais uma vítima passiva. Ele estará pronto — com um plano.

Capítulo 10: Mantendo-se Um Passo à Frente

A cibersegurança não é uma ação única — é um processo em constante evolução. Os hackers se adaptam. A tecnologia muda. Novos golpes surgem. No momento em que você pensa que já "fez o suficiente", corre o risco de ficar para trás. É por isso que o princípio final — e mais importante — da sua estratégia pessoal de cibersegurança é este: mantenha-se sempre um passo à frente.

A boa notícia? Permanecer à frente não exige perfeição. Exige consciência, atualização e disposição para aprender. Neste capítulo, vamos explorar estratégias de longo prazo para ajudá-lo a manter e fortalecer suas defesas sem se sentir sobrecarregado.

1. Mantenha-se Informado Sobre Novas Ameaças

Os hackers evoluem rapidamente. Táticas de phishing mudam constantemente. Novas variantes de malware surgem todos os dias. Mas ao acompanhar fontes confiáveis, você consegue se manter atualizado com pouco investimento de tempo.

Acompanhe:

Krebs on Security

The Hacker News

Boletins da CISA

Have I Been Pwned para alertas de vazamentos

ThreatPost, Naked Security e Dark Reading.

Mesmo apenas 10 minutos por semana lendo manchetes já ajudam a identificar tendências e reagir rapidamente.

2. Atualize Seus Hábitos de Cibersegurança Trimestralmente

A cada três meses:

Atualize senhas críticas

Troque códigos de recuperação e tokens MFA

Delete aplicativos, contas e extensões não utilizados

Teste seus backups

Revise permissões e configurações de privacidade.

Cibersegurança não é apenas ferramenta — é comportamento contínuo.

3. Treine-se Para Pensar Como um Hacker

Se quiser evitar invasões, aprenda como hackers pensam.

Pergunte a si mesmo:

"Se eu quisesse invadir este sistema, o que atacaria primeiro?"

"Quais dados são mais valiosos aqui?"

"Quais hábitos meus me tornam previsível?"

Esse pensamento torna você mais atento, crítico e menos manipulável.

4. Atualize Suas Ferramentas ao Longo do Tempo

Só porque um antivírus ou gerenciador de senhas funcionava bem dois anos atrás não significa que ainda seja a melhor opção hoje.

Considere evoluir:

De MFA via SMS para aplicativos ou chaves físicas

De antivírus gratuito para proteção profissional

De armazenamento básico para backups criptografados com histórico de versões.

Reavalie suas ferramentas anualmente.

5. Normalize a Cibersegurança no Seu Círculo Social

Uma das melhores formas de permanecer seguro é cercar-se de pessoas que também levam segurança a sério.

Isso inclui:

Ajudar familiares e amigos a criarem rotinas de segurança

Incentivar colegas a verificarem e-mails suspeitos

Compartilhar alertas sobre novos golpes

Criar cultura "security-first" em empresas.

Quando sua rede é mais consciente, seu risco diminui.

6. Use Alertas, Automação e Ferramentas de Monitoramento

Você não consegue monitorar tudo manualmente. Use automação a seu favor.

Ative:

Alertas de login

Monitoramento de dark web

Atualizações automáticas

Logs de acesso em serviços de nuvem.

Quanto maior sua visibilidade, mais rápido você detectará problemas.

7. Considere Seguro ou Suporte Profissional

Se administra uma empresa ou trabalha com dados sensíveis, avalie:

Seguro contra ataques cibernéticos

Serviços de proteção contra roubo de identidade

Consultores de cibersegurança

Orientação jurídica para resposta a incidentes.

Segurança não é apenas questão técnica — também é financeira e legal.

8. Pense no Longo Prazo: Segurança Como Estilo de Vida

As pessoas menos propensas a serem hackeadas não são as que possuem softwares mais caros — são aquelas que fazem pequenas melhorias consistentes toda semana.

Isso inclui:

Parar antes de agir em e-mails urgentes

Pensar antes de clicar

Questionar conveniência excessiva

Aceitar pequenos atritos, como MFA.

Assim como saúde física, cibersegurança depende de disciplina diária, não de reações impulsivas.

Conclusão Final

Manter-se um passo à frente não significa saber tudo. Significa recusar-se a ficar parado. Cibercriminosos contam com complacência. Esperam que você esqueça, adie ou pense que nunca será alvo.

Mas agora você sabe mais.

Você viu como operam. Aprendeu os golpes. Criou seu sistema. Testou sua resposta.

E agora está preparado para navegar no mundo digital com consciência, confiança e controle.

Na seção final deste livro, reuniremos tudo com uma checklist resumida, reflexões finais e um lembrete importante: segurança não é apenas proteção — é empoderamento.

Como Maya Foi Hackeada

Em uma tranquila manhã de quinta-feira, Maya Patel estava na cozinha tomando café quando seu smartwatch vibrou. Uma notificação do Google:

"Novo login detectado em Taiwan."

Ela piscou. Taiwan?

Não viajava havia meses. Tocou na notificação, abriu o celular e congelou.

Seu e-mail acabara de ser acessado por alguém do outro lado do mundo.

Mas, em vez de entrar em pânico, Maya agiu calmamente.

Abriu seu gerenciador de senhas, redefiniu o login do Google usando um dispositivo seguro e revogou permissões de aplicativos. Depois ativou verificação de dispositivos, revisou logins recentes e registrou tudo em um diário pessoal de segurança criado meses antes.

Ela não estava surpresa por aquilo ter acontecido – apenas surpresa por ter demorado tanto.

Maya começou a construir seu plano pessoal de cibersegurança após perder ganhos do Airbnb em um golpe de phishing dois anos antes. Na época, entrou em pânico, apagou arquivos importantes e passou semanas recuperando contas. Aquela experiência acendeu algo dentro dela. Prometeu nunca mais ser pega desprevenida.

Agora tratava cibersegurança como academia: um hábito, não um estado de emergência.

Todo domingo de manhã preparava café, colocava música e iniciava sua rotina "Security Sunday":

Revisava logins e alertas

Trocava senhas importantes

Testava backups offline

Apagava contas antigas

Lia manchetes de cibersegurança.

Os amigos zombavam dela por ser "paranoica".

"Você age como uma sobrevivencialista digital", brincavam.

Mas quando seu amigo Alex perdeu acesso ao Venmo após clicar em uma falsa mensagem de suporte no Twitter, foi Maya quem o ajudou a recuperar tudo. Ela inclusive mostrou como criar uma checklist de segurança pessoal.

"Não espere acontecer", disse ela. "Planeje como se já tivesse acontecido."

Maya não tinha diploma em cibersegurança. Não trabalhava com TI. Era fotógrafa — com empresa, presença online e milhares de memórias digitais armazenadas. Apenas tratava sua vida digital com a mesma seriedade com que alguém protege a própria casa.

E isso fez toda diferença.

Enquanto isso, em Boston, Victor, de 62 anos, e sua esposa Angela criaram sua própria forma de "manter-se à frente". Após caírem em um falso golpe do Medicare anos antes, fizeram um curso de segurança digital na biblioteca local. Agora, uma vez por mês, organizavam uma "Hora da Segurança Digital" com vizinhos e amigos.

Eles revisavam alertas de golpes, praticavam simulações de phishing e ajudavam uns aos outros a configurar MFA e gerenciadores de senha.

"A maioria das pessoas protege a casa física", dizia Victor. "Mas deixa a porta digital escancarada."

Em Austin, uma equipe de três mulheres que administrava um negócio online reservava a primeira sexta-feira de cada mês para o "Cyber Sync" — parte administração, parte estratégia, parte troca de experiências.

Elas discutiam novos golpes, atualizavam plataformas e revisavam políticas de proteção de dados. Quando um hacker tentou se passar por um cliente para acessar materiais privados, perceberam imediatamente. Não por causa de software caro — mas porque tinham o hábito de verificar tudo.

Nenhuma dessas pessoas era especialista. Mas todas eram atentas, intencionais e comprometidas em melhorar continuamente.

Elas entenderam que cibersegurança não é viver com medo — é manter consciência e adaptabilidade em um mundo digital acelerado.

A maior mudança de Maya não veio de um aplicativo ou manchete assustadora. Veio da mentalidade que desenvolveu: segurança é um estilo de vida.

Ela já não clicava em links sem pensar. Não ignorava atualizações. Não usava Wi-Fi público para acessar banco. Não passava meses sem trocar senhas.

Não fazia isso por paranoia.

Fazia porque respeitava sua vida digital — e entendia que permanecer à frente significa não ficar para trás.

Então, quando aquele hacker em Taiwan tentou acessar sua conta, não encontrou uma vítima. Encontrou uma fortaleza.

E Maya? Apenas terminou o café, sorriu e abriu o calendário.

"Security Sunday", sussurrou. "Vamos lá."

De Alvo a Defensor

O mundo em que vivemos hoje está mais conectado do que nunca. Cada compra, foto, login e conversa passa por um portal digital — uma infraestrutura invisível que raramente paramos para analisar. Mas, como este livro mostrou, aquilo que você não vê pode machucá-lo. Por trás de interfaces elegantes e telas brilhantes existem ameaças ocultas — softwares maliciosos, campanhas de phishing, esquemas de impersonação e olhos invisíveis procurando o próximo alvo fácil.

E ainda assim, em meio a toda essa complexidade, a verdade principal continua simples: você tem o poder de se proteger.

Começamos esta jornada revelando como os hackers realmente operam. Mostramos sua mentalidade, motivação e táticas. Apresentamos ferramentas como malware, ransomware e keyloggers — não para assustá-lo, mas para armá-lo com conhecimento. Porque quando você entende como algo funciona, deixa de ter medo e começa a construir estratégias para combatê-lo.

Você viu pessoas reais cometerem erros reais. Mas também as viu se recuperarem. Acompanhou Chloe retomando o controle do seu negócio digital. Viu Maya transformar cautela em rotina. Esteve ao lado de Lisa, Derrick, Andre e outros enquanto enfrentavam alguns dos piores cenários possíveis – e emergiam mais fortes e sábios do outro lado.

Cada história teve um propósito maior do que apenas informar. Elas refletem a realidade que todos compartilhamos: ninguém é imune. Mas todos podem se preparar.

A transformação de vítima digital para defensor digital não exige diploma, cargo ou certificação. Exige hábito, curiosidade e disposição para agir antes que o desastre aconteça.

Significa escolher uma senha única em vez daquela que você sempre usa.

Significa parar antes de clicar naquele e-mail urgente.

Significa reservar tempo toda semana para revisar o que está protegendo sua vida digital – e onde ainda existem falhas.

Mais importante ainda, significa quebrar o ciclo da passividade.

Por muito tempo, a cibersegurança pareceu responsabilidade de outra pessoa. Algo administrado por departamentos de TI, suporte técnico ou governos. Mas em um mundo onde tudo está conectado, a cibersegurança agora faz parte de ser um adulto informado, um empresário responsável, um pai protetor e um profissional confiável.

E nunca é tarde para começar.

Talvez você ainda esteja tentando acompanhar — usando a mesma senha em várias contas. Talvez já tenha sido hackeado. Talvez tenha ignorado pequenos sinais de alerta esperando que desaparecessem sozinhos. Tudo bem.

Comece hoje. Comece agora. Comece pequeno. Mas comece.

Construa seu plano pessoal de segurança. Compartilhe o que sabe com outras pessoas. Transforme conscientização em ação. Faça da proatividade parte da sua identidade, não da reação. Não paranoia — preparação.

Os hackers dependem de suposições. Eles presumem que você será preguiçoso. Distraído. Sem treinamento. Desprotegido. Mas aquilo que eles mais temem não são antivírus ou firewalls. São pessoas atentas.

Que essa pessoa seja você.

Que este livro seja mais do que informação. Que ele seja seu novo ponto de partida. Uma base sobre a qual você poderá construir durante muitos anos. À medida que a tecnologia avança, as ameaças também avançarão. Mas sua resiliência crescerá junto — se você escolher evoluir com ela.

Então, da próxima vez que receber um e-mail suspeito, ou alguém pedir informações pessoais, ou um site parecer "um pouco estranho", você reconhecerá os sinais. Você irá parar. Agirá com propósito. E se lembrará:

Você não é mais o alvo mais fácil.

Você não é mais alguém que "não sabia".

Você agora é um defensor.

E isso faz toda a diferença.